| सात दिन | सात रात | सात प्रवासी |

1232 km

कोरोना काल में एक असम्भव सफ़र

विनोद कापड़ी

1232km

कोरोना काल में एक असम्भव सफ़र

ISBN : 978-93-90971-27-5

मूल्य : ₹199

पहला संस्करण : 2021
दूसरा संस्करण : 2022

राजकमल प्रकाशन का उपक्रम
सार्थक

प्रकाशक
राजकमल प्रकाशन प्रा.लि.
1-बी, नेताजी सुभाष मार्ग, दरियागंज
नई दिल्ली-110 002

शाखाएँ
अशोक राजपथ, साइंस कॉलेज के सामने, पटना-800 006
पहली मंज़िल, दरबारी बिल्डिंग, महात्मा गांधी मार्ग, प्रयागराज-211 001
36 ए, शेक्सपियर सरणी, कोलकाता-700 017

वेबसाइट : www.rajkamalprakashan.com
ई-मेल : info@rajkamalprakashan.com

मुद्रक
यश प्रिंटोग्राफिक्स
ग्रेटर नोएडा-210 310 (उत्तर प्रदेश)

1232km : Corona Kaal mein Ek Asambhav Safar
Reportage by Vinod Kapri

अपने नायकों

—रितेश, रामबाबू, आशीष, कृष्णा, मुकेश, संदीप और सोनू—

को

कुछ ऐसे कारवाँ देखे हैं सैंतालिस में भी मैंने
ये गाँव भाग रहे हैं अपने वतन में

हम अपने गाँव से भागे थे, जब निकले थे वतन को

हमें शरणार्थी कह के वतन ने रख लिया था
शरण दी थी
इन्हें इनकी रियासत की हदों पे रोक देते हैं
शरण देने में ख़तरा है

हमारे आगे-पीछे, तब भी एक क़ातिल अजल थी
वो मजहब पूछती थी

हमारे आगे-पीछे, अब भी एक क़ातिल अजल है
ना मजहब, नाम, जात, कुछ पूछती है
—मार देती है

ख़ुदा जाने, ये बँटवारा बड़ा है
या वो बँटवारा बड़ा था

गुलज़ार

क्रम

प्रस्तावना

भारत का कोविड-19 लॉकडाउन, जिसकी घोषणा प्रधानमंत्री नरेन्द्र मोदी ने 24 मार्च, 2020 को शाम आठ बजे के आसपास की, मात्र चार घंटे बाद लागू हो गया।[1] उद्देश्य था 'संक्रमण की श्रृंखला को तोड़ना'। बाद में उसे तीन बार बढ़ाया गया, और यह 31 मई तक चला। सार्स-को-वि-2 महामारी की प्रतिक्रिया में उठाए गए इस क़दम को दुनिया का सर्वाधिक भयावह फ़ैसला माना गया।

1.38 अरब आबादी वाले एक विशाल देश के लिए 21 दिवसीय पूर्ण लॉकडाउन की घोषणा करते हुए, जिसके दौरान कुछ विशेष श्रेणी के लोगों के अलावा, किसी को भी घर से बाहर क़दम रखने की इजाज़त नहीं थी, प्रधानमंत्री ने स्पष्ट किया कि यह फ़ैसला 'देश और उसके हर नागरिक' को सुरक्षित रखने के लिए किया गया है।[2] उन्होंने वादा किया कि नागरिक समाज और अन्य संस्थाओं के साथ मिलकर केन्द्र तथा राज्य सरकारें 'ग़रीब लोगों की समस्याओं को कम करने के लिए' हर सम्भव प्रयाग करेंगी और सुनिश्चिन्त करेंगी कि सभी आवश्यक वस्तुओं की आपूर्ति बग़ैर किसी रुकावट के जारी रहे और 'जीवन रक्षक आवश्यकताओं' को 'उच्चतम प्राथमिकता' दी जाए।[1]

लेकिन क्या सरकारें और व्यवस्था इस वादे को पूरा करने में सक्षम थीं? और क्या बड़े पैमाने के अभावों, नीतिगत संवेदनहीनता और दशकों के विषम तथा विकृत विकास के परिणामस्वरूप जमा

---

1. 'From midnight, entire country shall go under complete lockdown: PM Modi', narendramodi.in, 24 March, 2020, https://www.narendramodi.in/text-of-prime-minister-narendra-modi-s-address-to-the-nation-on-vital-aspects-relating-to-the-menace-of-covid-19-548941, accessed on 18 March, 2021.
2. वही

हुई सामाजिक उदासीनता के रहते उनके पास अपने इस वादे को पूरा करने का कोई मौक़ा था भी? लॉकडाउन की घोषणा के बाद आने वाले दस हफ़्तों में जो हमारे सामने आया, उसे कवि की इन पंक्तियों में बयान किया जा सकता है :

विचार और यथार्थ के बीच
इरादे और कृत्य के बीच
पड़ती है एक छाया

(टी.एस. इलियट, द *हॉलो मेन*)

इस लॉकडाउन, कोविड-19 के फैलाव पर इसके प्रभाव और इसके सामाजिक-आर्थिक नतीजों को लेकर हमारे पास आज विभिन्न तरह का, विभिन्न स्तर की गुणवत्ता, प्रामाणिकता, प्रासंगिकता और विभिन्न रुचियों का, भारी साहित्य मौजूद है। इसमें अख़बारों और टीवी की रपटों और विश्लेषणों से लेकर देशी-विदेशी स्वयंसेवी संगठनों और अन्य संस्थाओं द्वारा किए गए फील्ड-सर्वेक्षण, विद्वानों के अध्ययन, सोशल मीडिया की 'नागरिक पत्रकारिता' और बेशक ख़ुद केन्द्र तथा राज्य सरकारों द्वारा प्रस्तुत सामग्री, जिसमें कोविड-19 से सम्बन्धित सूचनाएँ, आँकड़े, इसकी रोकथाम के लिए किए गए चिकित्सकीय तथा प्रशासनिक प्रयासों तथा ज़रूरतमन्द तबकों को दी गई राहत आदि के विवरण दिए गए हैं, तक सभी कुछ शामिल है ।

यह लगभग सच है कि एशिया, अफ्रीका और लैटिन अमेरिकी देशों के साथ-साथ भारत में भी सीधे कोविड-19 से जुड़ी मृत्यु-दर और संक्रमण के मामले विकसित देशों के मुक़ाबले कम रहे हैं। लेकिन इसका एक निराशाजनक पहलू भी है, जहाँ हम व्यापक संकट, ज़रूरी चीज़ों के अभाव, क्रूरता और मृत्यु को देखते हैं और ये चीज़ें एक तरफ़ जहाँ सरकारों तथा अन्य राजनीतिक घटकों को लोकतांत्रिक

1. आधी रात से पूरे देश में पूर्ण लॉकडाउन हो जाएगा : प्रधानमंत्री मोदी, narendramodi.in

जवाबदेही के लिए आमंत्रित करती दिखती हैं, वहीं हर किसी के लिए सबक भी देती है।

'घरों से दूर बिना पैसे, बिना रोटी' फँसे लाखों मज़दूरों को सहायता पहुँचाने, उन लोगों को जो स्वास्थ्य, भूख, गन्दगी और मानसिक-शारीरिक आघात से जूझ रहे थे, और जो किसी भी कीमत पर इन स्थितियों से निकलकर बस अपने घर जाना चाहते थे, उनके लिए कुछ न कर पाने में केन्द्र तथा ज़्यादातर राज्य सरकारों की असफलता ने सामाजिक और मानव-जीवन के लिहाज से भारी कीमत वसूल की।[1]

संविधान-विशेषज्ञ और न्यायविद् उपेन्द्र बख्शी के मुताबिक, 'कोविड-19 के विस्थापितों के रूप में जो फिनोमिना सामने आया, वह एक अर्थहीन सामाजिक यंत्रणा से जुड़ी चीज़ थी जिसने मनुष्यों को चीज़ों में बदल दिया और उनकी पीड़ा को प्रशासन, न्यायतंत्र, विकास और मानवाधिकारों के बाज़ार में एक वस्तु-भर बना दिया।'[2] पुलिस की हिंसा, क्रूरता और 'क़ानून व्यवस्था से सम्बन्धित अन्य प्रतिबंधात्मक-दंडात्मक तरीकों'[1] का उन लोगों की हताशा, दृढ़ता और साहस से कोई तालमेल नहीं था जो 'महामारी के लॉकडाउन' का उल्लंघन करके पैदल या साइकिलों पर अपने सुदूर घरों के लिए निकल पड़े थे।

बख्शी हमारा ध्यान एक और महत्त्वपूर्ण सच्चाई की ओर खींचते हैं

---

1. SWAN (15April, 2020), *21 Days and Counting : COVID-19 Lockdown, Migrant Workers, and the Inadequacy of Welfare Measures in India*, stranded workers action network, pp. 2. available at : http://publications.azimpremjifoundation.org/2272/1/lockdown_and_distress_ report by_stranded_workers_action_network-2. pdf
2. Baxi, Upendra (3 July, 2020), 'Exodus Constitutionalism : Mass Migration in Covid Lockdown Times', *The India Forum*, updated 27 november, 2020. available at : https://www.theindiaforum.in/ article/exodus-constitutionalism.

जिसे सत्ता-प्रतिष्ठान अक्सर ठीक से नहीं समझ पाता : इन विस्थापित श्रमिकों ने, जो 'थकान, भूख, बीमारी, लाचारी और मृत्यु तक से खेल रहे थे', वह भी एक स्वत:स्फूर्त, सामूहिक सविनय अवज्ञा के रूप में, जिसका पूर्वानुमान नीति-निर्माता और राजनीतिज्ञ नहीं कर पाए थे; दिखाया कि वे 'सक्रिय नैतिक इकाइयाँ हैं, नैतिक रूप से बीमार कोई निष्क्रिय भीड़ नहीं।'[2]

सोद्देश्य तथा जनसेवी पत्रकारिता की भारत की ऐतिहासिक परम्परा को देखते हुए जैसा अपेक्षित था, इस अभूतपूर्व संकट तथा एक आधारभूत सुरक्षा तंत्र उपलब्ध कराने में केन्द्र व राज्य सरकारों की अक्षमता को लेकर कुछ संवेदनशील और ध्यानाकर्षक रिपोर्टिंग भी हुई।[3] हालाँकि इससे भी इनकार नहीं किया जा सकता कि 'मुख्यधारा' कहा जानेवाला मीडिया कुल मिलाकर, इस महासंकट को न तो ठीक से समझ पाया और न ही उसे लेकर कुछ कर पाया; वह संकट जो बिना किसी योजना के, अत्यन्त संवेदनाहीन ढंग से लागू किए गए लॉकडाउन के चलते पैदा हुआ था।

वर्ल्ड बैंक के एक अध्ययन के अनुसार, 'इस लॉकडाउन ने भारत के लगभग 40 मिलियन आन्तरिक प्रवासियों में से ज़्यादातर की रोज़ी-रोटी को प्रभावित किया'।[1] सोशल मीडिया प्लेटफॉर्म और मैसेज एप्स पर होने वाली 'नागरिक पत्रकारिता' ने अलबत्ता अपने मोर्चे पर उपयोगी, दिलचस्प और फौरी तौर पर जीवन-रक्षक भूमिका निभाई; साथ ही नशीली अपसूचनाओं और साम्प्रदायिक-वर्गीय घृणा

---

1. Baxi, Upendra (3 July, 2020), 'Exodus Constitutionalism : Mass Migration in Covid Lockdown Times', *The India Forum*, updated 27 november, 2020. available at : https:// www. theindiaforum.in/ article/exodus-constitutionalism.
2. वही
3. 2020 के लॉकडाउन में सभी भारतीय प्रान्तों में केरल प्रमुख अपवाद रहा। प्रवासी मज़दूरों को भोजन, आश्रय, स्वास्थ्य और परामर्श सेवाएँ उपलब्ध कराने के लिए इस संकट के दौरान केरल सरकार की फौरी और प्रभावी कार्रवाई को मीडिया में व्यापक स्थान मिला और विद्वानों तथा सरकारी दस्तावेज़ों का भी ध्यान उस तरफ़ गया।

को भी हवा दी।

इसमें कोई आश्चर्य नहीं कि केन्द्र तथा कई राज्य सरकारें बाद में ऐसी ढेरों-ढेर प्रचार-सामग्री लेकर मैदान में उतरीं जिसमें उन्होंने अपने, साफ़तौर पर झूठे, दावों को पेश किया कि उन्होंने लॉकडाउनजनित इस सामाजिक-आर्थिक संकट से कैसे मुक़ाबला किया।[2]

इस पृष्ठभूमि में *1232km : कोरोना काल में एक असम्भव सफ़र* जिसे पुरस्कृत फ़िल्मकार तथा अनुभवी पत्रकार विनोद कापड़ी ने लिखा है, एक असाधारण गाथा के रूप में सबसे अलग दिखाई देती है। यह सात प्रवासी मज़दूरों–रितेश, रामबाबू, आशीष, कृष्णा, मुकेश, संदीप और सोनू–की सच्ची कहानी है, जो तमाम बाधाओं, अभावों और जीवनघाती स्थितियों के बीच साइकिल से अपने घर गए थे। यह साइकिल यात्रा दिल्ली के राष्ट्रीय राजधानी क्षेत्र में आने वाले ग़ाज़ियाबाद (उत्तर प्रदेश) की एक लेबर कॉलोनी से शुरू हुई और बिहार के सहरसा व समस्तीपुर स्थित उनके गाँवों तक पहुँची–कुल 1232 किलोमीटर जैसा कि रितेश ने अपने मोबाइल में गूगल मैप से नापा। सात दिन और सात रातों के इस सफ़र में जो हुआ, वह अत्यंत दुखद, झकझोरने वाला, लेकिन अन्ततः एक प्रेरक घटनाक्रम है।

लेखक और उनके सहयोगी, मानव यादव इन सात नौजवानों

1. World Bank (April 2020), 'COVID-19 Crisis Through a Migration Lens', Migration and evelopment Brief 32, World Bank, Washington DC, pp. 27. Available at: https:!/openknowledge.worldbank.org/handle/10986/33634.
2. Disha Shetty, 'How denying community transmission is hampering India's Covid-19 response', India Spend, 21 July, 2020, https://www.indiaspend.comlhow-denying-community-transmission-is-hampering-indias-covid-19-response/, accessed on 22 March, 2021.

के पीछे-पीछे एक वैगन-आर में चले। सोनी एफएक्स-5 कैमरे और आईफोन्स से लैस। हर घटना को अपनी कार की खिड़की से रिकॉर्ड करते हुए। उन्होंने अपने लिए कुछ नियम पहले ही तय कर लिए थे : मसलन, इस यात्रा में वे कोई बाधा पैदा नहीं करेंगे; कैमरे के लिए किसी दृश्य का आयोजन नहीं करेंगे; वे सात युवक जो करेंगे उसे एक 'सम्मानजनक फ़ासले' से बस रिकॉर्ड करेंगे; और तब तक उनसे कोई बात नहीं करेंगे, जब तक रास्ता एकदम साफ़ न हो और वे ख़ुद बात न करना चाहें। इन्हें क्योंकि मज़दूरों के साइकिल से घर जाने के फ़ैसले के बारे में कुछ पता नहीं था, इसलिए वे पहले दिन और पहली रात की कहानी नहीं जान पाए, उसके बारे में उन्हें उनसे ही जानकारी लेनी पड़ी।

कहानी कहनेवाले भी इस कहानी का हिस्सा हैं। सबसे पहले एक साथी के रूप में और फिर इस वृत्तचित्र को एक निश्चिन्त रूप देने वाले के रूप में और कभी-कभी स्थितियों को देखते हुए वृत्तचित्रकार और पत्रकार की भूमिका से ऊपर उठकर एक नागरिक और स्वतंत्र नैतिक व्यक्तियों के रूप में। क्या कोई कथावाचक या रिपोर्टर उस समय भी अपना सुनिश्चिन्त पेशेवराना फ़ासला बनाए रख सकता है, जब मानव-जीवन साफ़-साफ़ खतरे में दिख रहा हो? हर समस्या का समाधान देने वाले देवता की भूमिका से बचते हुए, सामने वाले का मार्गदर्शन ठीक से करना, उसे समझाना ख़ासा चुनौतीपूर्ण काम है। छह दिन और छह रातों के इस वक़्फ़े में कापड़ी को कई बार अपने भीतर उठते इस सवाल से जूझना पड़ा कि 'क्या वह एक त्रासदी को अपने लिए एक मौक़े' में बदलने की कोशिश कर रहे हैं। लेकिन फिर यह सोचकर कि अगर उनके जीवन के सबसे मुश्किल सफ़र को अंकित नहीं किया गया तो देश और दुनिया उनके संघर्ष के बारे में, उनकी पीड़ा के बारे में और उन चुनौतियों के बारे में नहीं जान पाएँगे, वे अपने इस काम में लगे रहे।

यह किताब, जिसका जन्म डिज़्नी + हॉटस्टार के लिए बनाई

गई एक पूर्ण अवधि डाक्यूमेंट्री के पूरक के रूप में हुआ, अब अपना स्वतंत्र व्यक्तित्व और स्वतंत्र जीवन प्राप्त कर चुकी है—निस्सन्देह कैमरा जो पकड़ सकता है, उससे भी अहम और दिलचस्प जीवन। लेखक बताते हैं कि :

पहले मैंने फ़िल्मकार के रूप में कैमरे से उनकी यात्रा को दर्ज़ करना शुरू किया लेकिन जल्द ही मुझे लगने लगा कि 'ऐसा भी बहुत कुछ है जिसे कैमरा नहीं समझ सकता, मैं समझ सकता हूँ। मसलन, उनका यह डर कि घर पहुँचने तक उनमें से एक या दो हो सकता है, यह न कर पाएँ। या रात को सोने से पहले अपने घरवालों से बात करके उनका रुदन। अगले दिन उनमें से एक ने मुझे बताया कि पिछली रात क्या हुआ। यह सब कैमरे में नहीं आ सकता था।'

फिर हुआ यह कि फ़िल्मकार डायरी लेखक भी हो गया। और कैमरे से छूट रही चीज़ों को अपने आईफोन में दर्ज़ करने लगा।

1232km को मैं कथेतर-उपन्यास की श्रेणी में रखना चाहूँगा, लेकिन साथ ही यह भी कहना चाहूँगा कि इस विधा की कई प्रसिद्ध किताबों की तरह इसमें किसी भी चीज़ को सचेत ढंग से आयोजित-मंचित, पुनर्रचित नहीं किया गया है और न ही इसमें कल्पना का कोई अंश है। यह बात डाक्यूमेंट्री के बारे में भी कही जा सकती है। यह कथेतर-उपन्यास और इसकी कठोर तथा प्रामाणिक कहानी अपने छोटे-छोटे नाटकीय मोड़ों, उतार-चढ़ाव और रोमांच के बल पर चुपके से, और अनिवार्यतः, आपको अपने साथ जोड़ लेती है जहाँ आप लाठीधारी पुलिस से आक्रान्त राजमार्ग को देखते हैं, और क़ानून व्यवस्था के अलमबरदारों द्वारा इन युवकों पर बरसाई गई गालियों

और अपमानजनक डाँट-फटकार सुनते हैं।

यह किताब अपने सातों नायकों के प्रभावशाली और धीरे-धीरे स्पष्ट होते उनके करुण चरित्रांकन के चलते आपके ह्रदय को बाँध लेती है। वे नायक जिन्हें उनकी दैहिक और मानसिक सहनशक्ति की आत्यंतिक सीमाओं तक धकेल दिया गया, और जो धीरे-धीरे सच्चे, स्वतंत्र और नैतिक कर्ताओं के रूप में सामने आते हैं। यह किताब हमें आम मज़दूरों की बुद्धिमत्ता, सरलता और सीखने की क्षमता के प्रति सम्मान भाव से भर देती है; वही साधारण मेहनतकश जो बावजूद अपने कठिनतम श्रम और कोशिशों के ग़रीबी के दुश्चक्र से, कर्ज़ों से, भाँति-भाँति के अभावों और पीढ़ी-दर-पीढ़ी चली आती ग़ैर-बराबरी से कभी मुक्त नहीं हो पाते।

ये सात जन दरअसल उन 30 युवाओं के समूह में शामिल थे जो 22 वर्षीय रितेश से प्रेरित होकर अपनी पुरानी साइकिलों पर एक साथ इरादा करके निकले थे। लेकिन क़ानून के रखवालों के डर से उन्हें तीन हिस्सों में अलग होना पड़ा। बाक़ी दो समूहों के साथ क्या, कैसे घटित हुआ, यह जानना अभी बाक़ी है, लेकिन इस किताब के लेखक से मुझे मालूम पड़ा कि उन सबने इस लम्बे थकाऊ सफ़र को सफलतापूर्वक अंजाम दिया, अपने घर पहुँचे और फिर वापस 'बड़े शहर' में काम करने के लिए भी आए, बिलकुल उसी अन्तहीन प्रक्रिया को फिर से दुहराते हुए जिसे विद्वज्जन के साहित्य में 'सर्कुलर माइग्रेशन' के नाम से जाना जाता है।

1232km एक असाधारण कथा है, लेकिन अपनी सामान्यता के चलते यह उस राष्ट्रीय स्तर की एक बड़ी आपदा का आईना है; उस यंत्रणा, पीड़ा, निराशा और आघात का जिससे लाखों मज़दूर लॉकडाउन के कारण गुज़रे। नागरिक नैतिकता के जिस अवमूल्यन और अपघटन को इसमें दिखाया गया है और समकालीन भारतीय सत्तातंत्र तथा क़ानून व्यवस्था के निगहबानों के लिए वह जिस तरह एक उनके स्वभाव का हिस्सा हो गया है, उससे हर पाठक को भारतीय संविधान की 'न्याय,

स्वतंत्रता, समानता और भ्रातृभाव' की शपथ को ध्यान में रखते हुए चिंतित होना ही चाहिए।

चेन्नई
12 मार्च, 2021

—एन. राम
द *हिन्दू* के पूर्व प्रधान संपादक

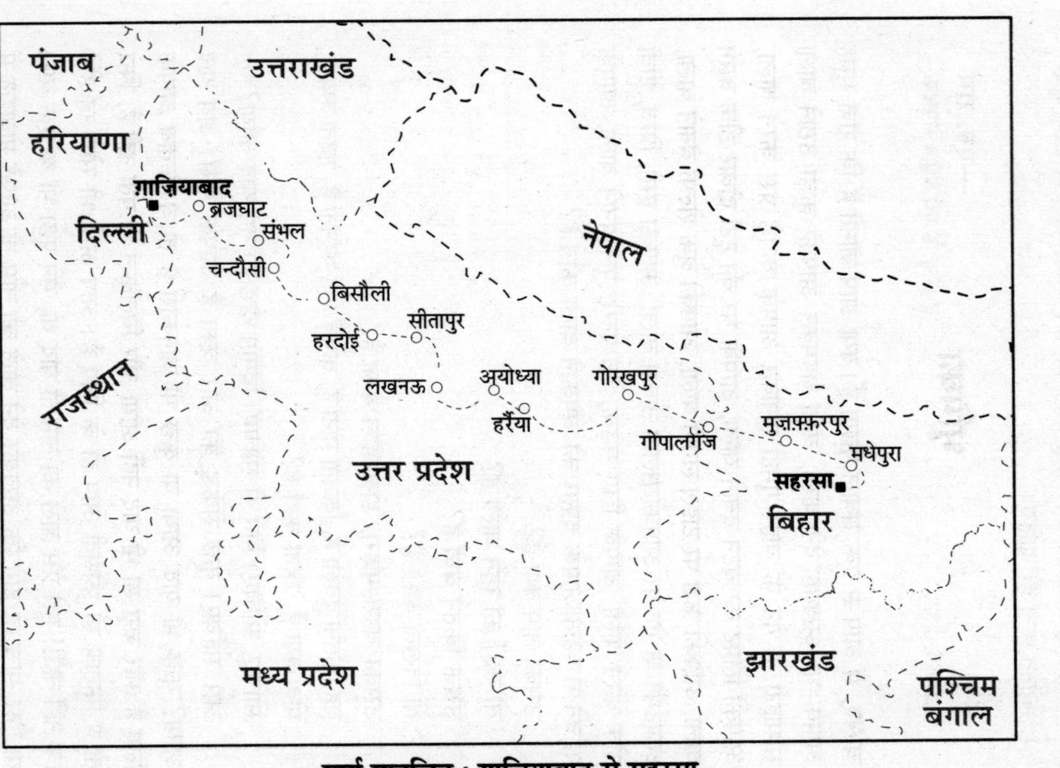

मार्ग मानचित्र : ग़ाज़ियाबाद से सहरसा

भूमिका

चलिए, मैं आप से एक सवाल पूछता हूँ। क्या आप जानते हैं कि रोज़ सुबह आपके घर अख़बार देने वाला, बहुत सहमकर आपका कूड़ा उठाने वाला सोसाइटी के गेट के बाहर गुमटी लगाकर आपके कपड़े प्रेस करने वाला, आपकी लिफ़्ट का बटन दबाने वाला, आपके घर की टूटी दीवार ठीक करने वाला, आपकी फ़र्श पर टाइल लगाने वाला, आपकी बुक शेल्फ बनाने वाला, अपार्टमेंट के गेट पर आपको सलाम ठोकने वाला, आपका एसी, फ्रिज, टीवी ठीक करने वाला, आपके लिए सड़क, रेल पटरी, पुल बनाने वाला, आपके पहुँचने से पहले आपके दफ़्तर को चमकाने वाला कौन है?

उसका नाम क्या है?

वो कहाँ का रहने वाला है?

उसके कितने बच्चे हैं?

वो दिखता कैसा है?

उसका चेहरा-मोहरा, डील-डौल कैसा है?

वह कितना दुबला है, कितना मोटा है, कपड़े क्या पहनता है, खाता क्या है, पीता क्या है, रहता कहाँ है?

सोचिए, सोचिए। फिर से सोचिए। दिमाग़ दौड़ाइए ना! याद आया?

और सोचिए। कुछ सेकेंड का और वक़्त है आपके पास। अब याद आया? कुछ भी याद आया या कुछ भी जानकारी है तो ये किताब आपके लिए है और ज़रा सा भी याद नहीं आया और बिलकुल भी पता नहीं है, फिर तो ये किताब सौ फ़ीसदी आप ही के लिए है। आप अभी भी सोच रहे होंगे कि नहीं नहीं!! मुझे प्रेस वाले का नाम तो याद था, मैंने पूछा भी था एक बार। या फिर सोच रहे होंगे कि अख़बार देने वाले का नाम तो आपने मोबाइल में सेव भी किया था, उसका नाम तो पक्का पता चल जाएगा। लेकिन जब आप

मोबाइल फ़ोन की कॉन्टेक्ट डायरी में जाकर देखेंगे तो वहाँ आपको उसका नाम नहीं मिलेगा। चाहें तो कोशिश करके देख लीजिए। वहाँ आपको बस इतना ही लिखा मिलेगा–न्यूज़पेपर वाला। थोड़ा और दिमाग़ दौड़ाइए। तक़रीबन सारे नम्बर ऐसे ही सेव मिलेंगे–सब्ज़ी वाला, फ़िश वाला सेक्टर 37, प्लम्बर सुशान्त लोक, प्रेस वाला ओमैक्स।

मेरी यह किताब इन्हीं लोगों के बारे में है जो हैं तो हमारी लाइफ़ लाइन लेकिन जिन्हें हम बस '...वाला' के नाम से जानते हैं। कोरोना और फिर लॉकडाउन न होता तो हमारी ज़िन्दगी की इन तमाम अहम कड़ियों के बारे में न मैं ठीक से जान और समझ पाता और न ही आज आपके हाथ में यह किताब होती। दरअसल हुआ यह कि लॉकडाउन की घोषणा के बाद मेरे मन में तुरन्त यह सवाल उठा कि उच्चवर्ग से लेकर मध्यमवर्ग और निम्न मध्यमवर्ग तक के लोग तो किसी तरह अपनी गुज़र-बसर कर लेंगे लेकिन वे लोग क्या करेंगे जो दिहाड़ी मज़दूर हैं, जो दिन में कमाते हैं और रात में खाते हैं? यही सवाल मुझे लॉकडाउन के बाद नोएडा, ग़ाज़ियाबाद और फ़रीदाबाद की कई बस्तियों और झुग्गियों में ले गया। एक से एक दर्दनाक कहानियाँ और किरदार बिखरे पड़े थे। महोबा की रहने वाली 35 साल की हब्बू को मैं कैसे भूल सकता था जिसे आठ महीने का गर्भ था। वह उस भीड़ और छीना-झपटी में सबसे पीछे रह जाती थी, जो किसी NGO से आए खाने के इन्तज़ार में लगती थी। हब्बू ने बताया था कि खाना आते ही ऐसी मार मच जाती कि कई बार वह गिर गई। पेट में पल रहे बच्चे को कुछ हो न जाए, यह सोचकर उसने इस भीड़ में जाना ही बन्द कर दिया। कोई कुछ अपने आप दे गया तो ठीक। नहीं दे गया तब भी ठीक। हब्बू ने मुझसे पूछा था–बाबू जी, लॉकडाउन करते वक़्त मेरी जैसी औरतों के बारे में सोचना चाहिए था न, जो पेट से थीं? मैं क्या जवाब देता। बस चुप रहा। हब्बू के बाद जिस एक किरदार से मिलकर मैं सबसे ज़्यादा विचलित हुआ वह थी मध्य प्रदेश के रीवा की रहने वाली 34 साल की कमला।

नोएडा के सरकारी प्रशासनिक दफ़्तर के बाहर रोज़ एक किलोमीटर लम्बी क़तार लगती थी। दिन में सिर्फ़ एक बार दो बजे मिलने वाले खाने के

लिए यह क़तार सुबह 10 बजे से लगनी शुरू हो जाती थी। लू के थपेड़ों के बीच सैकड़ों लोग तीन घंटे इस उम्मीद में गुज़ार देते थे कि खाना तो बस अब मिलने ही वाला है।

एक वक़्त के इस खाने की उम्मीद के सहारे वे लोग सारे कष्ट भूल जाते थे। लेकिन खाना बँट जाने के बाद भी दर्जनों लोगों की प्लास्टिक की वह पन्नी ख़ाली ही रहती थी जिसमें वे कुछ भरकर ले जाने की उम्मीद के साथ आते थे। ये लोग अगले दिन फिर उसी क़तार में तीन घंटे खड़े हो जाते कि चलो कोई बात नहीं, कल नहीं मिला तो आज तो खाना मिल ही जाएगा। रोज़-रोज़ थोड़ी न क़िस्मत इतनी ख़राब होती है। लेकिन कमला की क़िस्मत शायद लगातार ही ख़राब चल रही थी। मैं कैसे भूल सकता हूँ वह दर्दनाक मंजर जब मैं राशन ख़त्म होने के बाद भूख, प्रशासन की बेरुख़ी और अव्यवस्था की शिकायत कर रहे लोगों से बात कर रहा था और तभी पता नहीं कैसे उस भीड़ को चीरते हुए कमला बदहवासी की हालत में मेरे सामने आकर खड़ी हो गई। कुछ पल वह मुझे घूरती रही और फिर अचानक उसे पता नहीं क्या सूझा, वह थोड़ा झुकी। दाएँ हाथ से उसने अपनी साड़ी का निचला हिस्सा पकड़ा और साड़ी तेज़ी से ऊपर उठा दी। अपनी जाँघों तक। मैं भौचका रह गया। वहाँ मौजूद बाक़ी लोग भी सकते में थे। फिर वह चिल्लाई।

"ये देखिए साहब!! खाना लेने जाओ तो पुलिस ये करती है हम लोगों के साथ।"

मुझे एहसास हुआ कि साड़ी ऊपर करने के बाद वह मुझे अपनी जाँघों में कुछ दिखाने की कोशिश कर रही है। फिर जो मैंने देखा वह विचलित करने वाला था। कमला की दाईं जाँघ पर पाँच-पाँच इंच के दो गहरे निशान थे। जिस्म का वह हिस्सा पूरा नीला पड़ चुका था।

"अरे, यह कैसे हुआ?" मैंने कमला से पूछा।

"यहाँ चार-चार घंटे लाइन लगाते हैं तो भी नहीं मिलता। अपने बचे-खुचे पैसे से कुछ आटा-चावल ख़रीदने जाओ तो पुलिस मारती है। ये पुलिस ने आज सुबह मारा है मेरे को।"

"यह तो सरासर ज़्यादती है। मैं इस बारे में पुलिस के बड़े अफ़सरों को

बताऊँगा। पहले तुम अपनी साड़ी नीचे कर लो।"

मैंने कमला को सांत्वना देने की कोशिश की।

"नहीं!! आप इसका वीडियो बनाओ और मोदी जी को भेजो और पूछो उनसे कि घर की भूखी माँ-बहनों के साथ यही सुलूक करते हैं क्या?"

मैं निःशब्द था और कमला की ज़िद के आगे बेबस। उसकी जाँघों पर पड़े निशान का वीडियो मुझे बनाना पड़ा और उसी वीडियो ने मुझे कई दिन तक परेशान रखा। बाद में पता चला कि कमला अपने पति और तीन बच्चों के साथ पैदल ही रीवा के लिए निकल गई है। मैंने गूगल पर चैक किया– क़रीब 836 किलोमीटर की यात्रा और वह भी पैदल। कमला के बाद ही मुझे ग़ाज़ियाबाद के लोनी में रह रहे उन 30 मज़दूरों के बारे में पता चला जो कई दिनों से भूखे थे। वे बिहार के सहरसा के थे और बेबस होकर शहर छोड़ने की तैयारी कर रहे थे। मज़दूरों के इस समूह में मैं रितेश कुमार के सम्पर्क में था। रितेश से जब मैंने उसकी हालत के बारे में पूछा तब उसने जो कहा वह किसी को भी झकझोर देने के लिए काफ़ी था। उसने कहा कि सर अब तो ज़हर ख़रीदने के लिए भी पैसे नहीं बचे हैं। रितेश और उसके समूह के बाक़ी मज़दूर भी कुछ दिन बाद सहरसा के लिए निकल गए। 1232 किलोमीटर की यात्रा वे साइकिल से तय करने वाले थे। उनकी इस यात्रा का मैं गवाह बना।

कमला ने जब नोएडा छोड़ा तब लॉकडाउन का दूसरा हफ़्ता चल रहा था और रितेश और 30 मज़दूरों ने जब ग़ाज़ियाबाद को अलविदा कहा, तब लॉकडाउन का छठा हफ़्ता चल रहा था। साफ़ था, लॉकडाउन के तक़रीबन 35 दिनों बाद भी देश भर में रितेश और उसके जैसे हज़ारों मज़दूर सड़कों पर थे। पलायन बदस्तूर जारी था। इसका एक ही मतलब था–हमारी सरकारें हों या हमारा समाज–वे 35 दिनों में भी इन लाखों मज़दूरों के लिए न तो कुछ इन्तज़ाम कर पाए थे और न ही उनके मन में विश्वास क़ायम कर सके थे। बात सिर्फ़ पैसों की तंगी और भूख की नहीं थी। छठे हफ़्ते तक बात उससे आगे, बहुत आगे बढ़ चुकी थी। दरअसल लॉकडाउन की घोषणा के बाद देश भर

में दो तरह के पलायन हुए। पहला पलायन था अनिश्चिन्तता की वजह से और दूसरा पलायन था अविश्वास वाला। पहले चरण में जो लाखों लोगों का पलायन हुआ, वह अनिश्चिन्तता वाला पलायन था। 24 मार्च, 2020 को लॉकडाउन की घोषणा से दो हफ़्ते पहले ही धीरे-धीरे सारे कारख़ाने, दफ़्तर, दुकानें, सिनेमाघर, मेट्रो, शादी-ब्याह बन्द होने शुरू हो गए थे। मतलब आधी से ज़्यादा आबादी दो हफ़्ते पहले ही अपना रोज़गार गँवा चुकी थी। बचे-खुचे लोगों का रोज़गार अचानक घोषित हुए लॉकडाउन ने ख़त्म कर दिया जो 21 दिनों का था। एक दिहाड़ी मज़दूर जो पूरे दिन कुआँ खोदने के बाद ही रात को पानी पीता है, वह क्या करता? पहले के दो हफ़्ते और आने वाले तीन हफ़्ते–उसे लगा कि इस अनिश्चिन्तता में जीने से अच्छा है कि अपने गाँव ही चला जाए और फिर एक को देखकर दूसरा, दूसरे को देखकर तीसरा, चौथा अपने-अपने ठिकानों से निकल ही पड़ा। देखते ही देखते सड़कों पर रेला लग गया। लेकिन इसी में एक बहुत बड़ा तबका ऐसा भी था, जिसने सरकार पर भरोसा किया। उसने यक़ीन किया कि 21 दिनों के लॉकडाउन के बाद कोरोना ख़त्म हो जाएगा, जैसा कि प्रधानमंत्री ने कहा था। उसने विश्वास किया कि 21 दिनों बाद उसका रोज़गार वापस मिल जाएगा। उसने भरोसा किया कि जब तक लॉकडाउन है और वह बेरोज़गार है, सरकार उसकी छत का ख़याल रखेगी। उसने यह भी यक़ीन किया कि यह समाज और देश उसके बच्चों को सड़क पर भूखे नहीं मरने देगा। लेकिन इन 21 दिनों के गुज़रने के बाद उसकी सारी उम्मीदों को कोरोना से भी ख़तरनाक वायरस ने ध्वस्त कर दिया था। यह वायरस था अविश्वास का। इन 21 दिनों ने उसे एहसास करा दिया कि वह शहर की बदबूदार नाली का एक ऐसा गन्दा कीड़ा है, जिसके जीने या मरने से किसी को कोई फ़र्क़ नहीं पड़ता है और अब उसे ज़िन्दा रहना है तो उसे चमचमाते शहर की नर्क से बदतर नालियों से बाहर निकलना ही होगा। बस अविश्वास और ज़िल्लत के जंगल से निकलने की इसी छटपटाहट ने दूसरे चरण के पलायन को जन्म दिया, जिसमें रितेश और बाक़ी मज़दूर अपने गाँव जा रहे थे। मेरे विचार से दूसरे चरण का पलायन ज़्यादा बड़ा था। पहले चरण का पलायन अचानक हुआ। बड़ी तादाद में हुआ। लाखों लोग एक साथ सड़कों

पर दिखे। लेकिन एक हफ़्ते बाद यह पलायन कम हो गया या बन्द हो गया। दूसरे चरण का पलायन एक ख़ामोश पलायन था जो बहुत लम्बा चला। कम-से-कम छह हफ़्ते तक। ख़ामोश इसलिए कि लाखों की तुलना में हज़ारों लोग देश की अलग-अलग सड़कों पर थे, जिनका पता नहीं चल पा रहा था। यही वह पलायन था, जिसमें दर्जनों मज़दूर या तो रेलवे ट्रैक पर कटकर मरे या सड़क हादसों के शिकार हुए। रितेश और उसके बाक़ी साथियों के साथ मैं इसी दूसरे पलायन का चश्मदीद रहा। उनकी सात दिन की यात्रा में जो कुछ भी मैंने देखा, वह सब कुछ इस किताब में है। आप सोच रहे होंगे कि ये सात मज़दूर ही क्यों और कोई सात मज़दूर क्यों नहीं?

इसका जवाब तो आपको किताब में मिल जाएगा। फ़िलहाल मैं इतना ही कह सकता हूँ कि ये सात मज़दूर–रितेश, रामबाबू, आशीष, कृष्णा, मुकेश, संदीप और सोनू–प्रतिनिधित्व करते हैं उन लाखों मेहनतकशों का, जिनकी रोती-बिलखती, परेशान तस्वीरें और वीडियो आपने लॉकडाउन के दौरान देखी होंगी। इन सात मज़दूरों की तरह बाक़ी लाखों मज़दूरों के लिए भी ये यात्रा बेहद मुश्किल, जानलेवा और तक़रीबन असम्भव यात्राएँ रही होंगी। आपने अख़बारों में इन यात्राओं के बारे में पढ़ा होगा या टीवी में देखा होगा। लेकिन कभी यह नहीं जाना होगा कि ये यात्राएँ आख़िर हुईं कैसे? कोई कैसे 700 किलोमीटर पैदल जा सकता है? कोई कैसे 1200 किलोमीटर साइकिल से जा सकता है? लॉकडाउन जैसे वक़्त में भूख लगती थी तो रास्ते में यह लोग खाते कहाँ थे? खाना कहाँ से मिलता था? और जब नहीं मिलता था तब क्या करते थे? गाँव में जब कोई हैंडपंप छूने नहीं देता था तो पानी कहाँ पीते थे? रात में सोते कहाँ थे? कोई बीमार पड़ जाता था तो मदद कहाँ से मिलती थी? साइकिल पंक्चर हो जाती थी तो कौन ठीक करता था? पूरे सफ़र में वह क्या सबसे अच्छा, सबसे बुरा और सबसे अविश्वसनीय था जिसने मज़दूरों पर गहरा असर डाला?

यह किताब न सिर्फ़ आपकी इन सब जिज्ञासाओं को शान्त करेगी बल्कि हमारी और आपकी ज़िन्दगी में हमेशा से बेहद अहम रोल निभा रहे मज़दूरों को बहुत क़रीब से समझने का मौक़ा भी देगी।

22 साल के रितेश से जब आप मिलेंगे तो आपको लगेगा कि कम उम्र

में इतनी परिपक्वता वाला ये बच्चा अपने जैसा ही तो है। 28 साल के घुँघराले बालों वाले आशीष को देखकर हर माँ कह उठेगी कि काश! हमारा बच्चा भी ऐसा ही हो। सात दिनों की अपनी यात्रा को इन सातों ने सात सुरों और सात रंगों से सँवारते हुए पूरा किया, जबकि मुश्किलें कम न थीं। हाँ! एक बात बताना तो मैं भूल ही गया। मज़दूरों की इस अविश्वसनीय यात्रा पर किताब लिखने के बारे में मैंने कभी नहीं सोचा था। एक फ़िल्मकार के तौर पर मैं तो इनकी यात्रा को कैमरा लेकर डॉक्यूमेंट करने निकला था। लेकिन जब यात्रा पूरी हो गई तो मुझे लगा कि हमारा कैमरा बहुत कुछ ऐसा नहीं देख पाया, जो मैं लगातार महसूस कर रहा था। जैसे, यात्रा के दौरान सभी मज़दूरों के मन में लगातार एक ख़ौफ़ कि जब वे सहरसा पहुँचेंगे तो उन सातों में से एक या दो ज़रूर कम हो चुके होंगे या फिर रात को जब ये सड़क किनारे सोते थे तो अपने परिजनों से बात करते हुए घंटों रोते रहते थे। यह सब कैमरे में कभी क़ैद नहीं हो सकता था। बस अगले दिन कोई मज़दूर बस धीरे से रात की बात बता देता था। वैसे भी मज़दूरों के साथ डॉक्यूमेंट्री की शूटिंग को लेकर हमने कुछ नियम बनाए थे। पहला और सबसे अहम कि हम उनकी इस मुश्किल यात्रा में बिलकुल भी बाधा नहीं बनेंगे। दूसरा, उन्हें कुछ भी कैमरे के लिए करने को नहीं कहेंगे। तीसरा, इस पूरी यात्रा के दौरान वे जो भी कर रहे होंगे, उसे उचित दूरी बनाकर शूट करेंगे। चौथा, अगर हमें उनसे बात करनी होगी तो हर दो घंटे की यात्रा के दौरान एक ही बार दस या पन्द्रह मिनट के लिए बात करेंगे। वह भी तब, अगर रास्ता ठीक होगा और मज़दूर बात करने के लिए सहमत होंगे।

सातों मज़दूर साइकिल पर थे और हम लोग कार से डॉक्यूमेंट्री शूट कर रहे थे। सच कहूँ तो इस दौरान कई बार मन में ख़याल आया : हम लोग कहीं अमानवीय तो नहीं हैं कि उनके ऊपर आई इतनी बड़ी विपदा को हम अवसर में बदलने की कोशिश कर रहे हैं? लेकिन फिर सोचा कि मज़दूरों के जीवन की यह सबसे कठिन यात्रा डॉक्यूमेंट नहीं होगी तो देश और दुनिया को कैसे उन पर आए संकट, उनकी पीड़ा और उनके संघर्ष के बारे में पता चलेगा? कोरोना के वक़्त इतनी लम्बी यात्रा में जान का ख़तरा तो हमारी टीम के लिए

भी था। सात मज़दूरों को एक कार में बैठा पाना वैसे भी सम्भव नहीं था। हाँ, हम इतना ज़रूर करते थे कि जब भी किसी की साइकिल में दिक़्क़त आती थी तो उस मज़दूर को कार में बैठा लेते थे और उसकी साइकिल कार पर लाद लेते थे। फिर जहाँ भी सम्भव होता था ट्रक वालों से बात करके उनके लिए लिफ़्ट की कोशिश करते थे या फिर ये कोशिश रहती थी कि कहीं कुछ खाने को मिल जाए और रात को सोने के लिए जगह मिल जाए। आज सोचता हूँ तो लगता है कि उन परिस्थितियों में इतना ही किया जा सकता था।

1232 किलोमीटर की वह पूरी यात्रा अब आपके सामने है। एक बात मैं दावे के साथ कह सकता हूँ। अगर आप इस पूरी यात्रा से गुज़र गए तो यह जीवन को लेकर और लाखों-करोड़ों नाम विहीन, चेहरा विहीन मज़दूरों को लेकर आपका नज़रिया सौ फ़ीसदी बदल देगी। मेरा तो बदल गया है। अब आपकी बारी है। इस यात्रा को पूरा करने के बाद आपके मोबाइल फ़ोन पर अख़बार वाले का नाम न्यूज़पेपर वाले के नाम से सेव नहीं रहेगा। आप उसे बदलकर रमेश न्यूज़पेपर या मोहन न्यूज़पेपर या दीपक न्यूज़पेपर कर देंगे। यह मेरा विश्वास है।

1

बेचेहरा और बेनाम

सफ़र से पहले क्या हुआ

12 अप्रैल, 2020 को ट्विटर पर मुझे एक पोस्ट दिखाई दी, जिसमें लिखा था कि उत्तर प्रदेश के ग़ाज़ियाबाद के लोनी में क़रीब 30 मज़दूर फँसे हैं, जिनके पास चार दिन से राशन नहीं है। यह पहले लॉकडाउन का 19वाँ दिन था। उस पोस्ट में सम्पर्क के लिए किसी रामबाबू का नाम लिखा था और मोबाइल नम्बर भी था। फ़ोन लगाया तो किसी रितेश ने उठाया। पूरा नाम रितेश कुमार पंडित बताया। समस्या गम्भीर थी। लोनी लेबर चौक के पास रह रहे रितेश और उसके साथ के 30 मज़दूरों के पास न खाना बचा था और न पैसे। ये सभी मज़दूर बिहार के सहरसा, समस्तीपुर और दरभंगा के रहने वाले थे और चार कमरों में गुज़ारा कर रहे थे। जब मैंने रितेश से पूछा कि सरकार या प्रशासन से कोई मदद नहीं मिली तो उसने जवाब देने के बजाय मुझसे ही सवाल कर लिया, कौन-सी सरकार और कैसा प्रशासन तो मैं समझ गया कि ये सब हार मान चुके हैं। मैंने रितेश से पूरी जानकारी ली। पता चला कि सारे मज़दूर अलग-अलग निर्माणाधीन इमारतों, कारख़ानों में काम करने वाले मज़दूर हैं। कोई मिस्त्री है, कोई टाइल लगाने वाला, कोई बेलदार, कोई पीओपी की सिलिंग बनाने वाला। सभी ठेकेदार के लिए काम करते थे। ठेकेदार लॉकडाउन की घोषणा होने से एक हफ़्ते पहले तक का पैसा उन्हें दे चुका था। लेकिन उसके बाद उसने न काम पर बुलाया, न पिछला पैसा दिया। फ़ोन करने पर बोलता कि पीछे से पैसा नहीं आएगा तो वह कैसे देगा? नतीजा जिसके पास जो बचत थी वह तक़रीबन ख़त्म हो गई। रितेश से मैंने

पूछा कि अगर उसके मोबाइल फ़ोन में कैमरा और व्हाट्स एप है तो क्या यह अपने हालात बयाँ करते हुए एक वीडियो बनाकर भेज सकता है? रितेश ने तुरन्त हामी भर दी और कुछ ही देर में एक नहीं, पाँच-पाँच वीडियो भेज दिए। आटा-चावल के ख़ाली कनस्तर का वीडियो। तेल की ख़ाली बोतलों का वीडियो। एक हाथ से उठ जा रहे गैस सिलेंडर का वीडियो। अलग-अलग कमरों में परेशान और ग़ुस्से से भरे मज़दूरों का वीडियो और उनसे बातचीत का वीडियो। ये वीडियो किसी टीवी रिपोर्टर से भी बेहतर तरीक़े से बनाए गए थे। इन्हीं वीडियो में मुझे पहली बार रितेश के अलावा रामबाबू पंडित और आशीष कुमार भी नज़र आए। वीडियो आते ही मैंने उन्हें ट्विटर पर पोस्ट कर दिया। कुछ आम लोगों के अलावा ग़ाज़ियाबाद पुलिस ने जवाब दिया। उत्तर प्रदेश सरकार की हेल्पलाइन सेवा ने भी मदद का भरोसा दिलाया। लेकिन घंटों इन्तज़ार के बाद भी इन मज़दूरों तक कोई मदद नहीं पहुँची। फिर रोहित नाम के एक पत्रकार ने मुझसे सम्पर्क किया और बताया कि वे लेबर चौक के पास ही रहते हैं, जल्द ही रितेश और बाक़ी मज़दूरों से मिलकर उनकी मदद करेंगे। यह राहत की एक ख़बर थी। दो घंटे बाद रितेश का फ़ोन आया। रितेश ने बताया कि रोहित जी आए थे। पैसे दे गए हैं। हम 30 लोगों के लिए तीन-चार दिन के राशन का इन्तज़ाम हो गया है। बाद में रितेश ने राशन का वीडियो बनाकर भी भेज दिया और फ़ोन पर बताया कि राशन तो ख़रीद लाए हैं लेकिन बाज़ार में संदीप को पुलिस ने बहुत मारा और कहा कि लॉकडाउन है तो बाहर क्यों निकले हो? संदीप के चार दिन से राशन नहीं होने की बात बताने पर भी पुलिस ने पीटना बन्द नहीं किया।

चौथे दिन रितेश का फ़ोन फिर आया। इस बार उसने बताया कि चार दिन पहले ख़रीदा गया राशन ख़त्म हो गया है। आख़िर पाँच हज़ार रुपए में 30 लोगों के लिए ख़रीदा गया राशन कितने दिन चलता? मुझे समझ आ गया था कि ट्वीट करने पर पुलिस, हेल्पलाइन, ज़िला प्रशासन, स्थानीय विधायक सिर्फ़ अपनी छवि चमकाने के लिए जवाब तो दे देते हैं लेकिन मदद नहीं करते।

लिहाज़ा मैंने रितेश से उसका बैंक अकाउंट लिया और उसके खाते में पाँच हज़ार रुपए जमा कर दिए। मुझे एहसास था कि ये पाँच हज़ार भी नाकाफ़ी हैं। तीन दिन बाद रितेश का फ़ोन फिर आ गया। लेकिन इस बार फ़ोन उठाते ही उसने कह दिया कि सर ये फ़ोन मैंने पैसे माँगने या किसी मदद के लिए नहीं किया है। मैं हैरान था।

"फिर?" मैंने रितेश से पूछा।

और तब रितेश ने जो जवाब दिया, वह मुझे अन्दर तक चीर गया।

रितेश ने कहा, "सर, हम लोग मेहनत-मजदूरी करने वाले हैं। दिन भर काम करते हैं। चार पैसे कमाते हैं तो रात के खाने का इन्तजाम करते हैं। आपसे या किसी से पैसे, राशन लेकर हमें शर्म आती है। भीख ही माँगनी होती तो हम मेहनत-मजदूरी क्यों करते? आप ही सोचिए न, सर।"

"मैं तुम्हारी बात समझ रहा हूँ रितेश। लेकिन अभी जैसे हालात हैं उसमें क्या चारा है? ख़ैर, तुम्हीं बताओ। तुम लोग क्या चाहते हो?" मैंने रितेश से पूछा।

"यही चाहते हैं कि आप हमें कोई भीख न दें। आप हमारे लिए कुछ करना ही चाहते हो तो हमें कैसे भी हमारे गाँव भिजवा दो। हम यहाँ रहेंगे तो मर जाएँगे।"

"पर यह तो अभी सम्भव नहीं है। ट्रेन, बस सब बन्द है। लॉकडाउन चल रहा है। महामारी का ख़तरा अलग।" रितेश को मैंने समझाने की कोशिश की।

समझा या नहीं समझा–यह नहीं कह सकता। हाँ, फिर कई दिनों तक उसका फ़ोन नहीं आया। मैं भी अपने काम और ज़िन्दगी में व्यस्त हो गया। ईमानदारी से स्वीकार करूँ तो भूल गया। क़रीब चार दिन बाद 26 अप्रैल को मुझे ट्विटर पर एक मैसेज आया कि "जिन मजदूरों के लिए आपने लिखा था, मैं राशन लेकर उनके मकान के दरवाजे पर खड़ा हूँ लेकिन वे राशन लेने से मना कर रहे हैं। कह रहे हैं कि उन्हें अब राशन नहीं चाहिए।"

मुझे हैरानी हुई। मैंने उसी वक़्त रितेश को फ़ोन लगाया। घंटी गई पर उसने फ़ोन नहीं उठाया। दोबारा डायल करने पर भी फ़ोन नहीं उठा। मुझे थोड़ा ग़ुस्सा भी आया कि ये क्या बात हुई? कोई आपके लिए राशन लेकर दरवाज़े पर खड़ा है और आपने उसे लौटा दिया? मैंने उसे व्हाट्स एप पर

अपनी नाराज़गी का मैसेज भेज दिया।

पूरे दिन रितेश का न कोई फ़ोन आया और न ही कोई मैसेज।

रात क़रीब दस बजे उसने फ़ोन कर जो बताया वह मुझे हैरान करने के लिए काफ़ी था।

रितेश का फ़ोन रिसीव करते हुए मैंने थोड़ा नाराजगी दिखाते हुए उससे पूछा, "क्या रितेश? न तुम फ़ोन उठा रहे हो। न मैसेज का जवाब दे रहे हो? आज सुबह कोई तुम लोगों के लिए राशन लेकर तुम्हारे मकान गया, तो तुमने मना कर दिया। यह तो ग़लत बात है ना?"

मेरी बात सुनकर रितेश कुछ सेकेंड चुप रहा।

"बोलो...अब बोलते क्यों नहीं?"

"क्या बोलूँ, सर? हम लोग उस मकान में अब हैं ही नहीं तो राशन कैसे लेते?" रितेश बहुत विनम्रता से बोला।

"मतलब?" मेरा आश्चर्य बढ़ता जा रहा था।

"हम लोगों ने वो मकान छोड़ दिया है, सर! हम सब बिहार जा रहे हैं, अपने गाँव।"

"अरे? क्या? कब? कैसे?"

मेरे ज़ेहन में एक साथ हज़ार सवाल तैरने लगे।

"आज सुबह ही हमने वो मकान छोड़ा है, सर! मकान मालिक चार-पाँच दिन से पिछले महीने का किराया माँग रहा था।"

"अरे, एक बार तो मुझे बताते..."

"क्या बताते, सर? हमको भीख माँगना अच्छा नहीं लगता।"

"तो तुम सब लोग एक साथ जा रहे हो? सभी तीस लोग?"

"जी, सर!"

"पर कैसे?"

"साइकिल से, सर!"

साइकिल से। यह सुनकर मैं चौंक गया। मुझे लगा कि मेरे कानों ने कुछ ग़लत सुना है।

"क्या कहा, साइकिल से?"

"जी, सर, साइकिल से।"

"और साइकिल कहाँ से आई?"

"हमने गाँव से पैसा मँगाकर सेकेंड हैंड साइकिल खरीदा, सर!"

"तुम लोगों का दिमाग़ तो ठीक है ना? साइकिल से सहरसा अपने गाँव जाओगे? जानते भी हो सहरसा कितना दूर है?"

अब मुझे ग़ुस्से से ज़्यादा उनकी चिन्ता होने लगी थी।

"हाँ, सर...पता है। हम मोबाइल में चैक किए थे...इसमें 1232 किलोमीटर दिखा रहा है।"

बहुत इत्मीनान से रितेश ने जवाब दिया।

"1232 किलोमीटर? जानते भी हो 1232 किलोमीटर क्या होता है?"

मेरी बेचैनी बढ़ती जा रही थी।

"हाँ, सर...जानते हैं लेकिन हमारे पास और रास्ता ही क्या है? आप बताइए।"

हमारे पास रास्ता ही क्या है? ये बड़ा गम्भीर सवाल था, जिसका न तो उस वक़्त मेरे पास जवाब था और न आज है। लेकिन रितेश और बाक़ी मज़दूर जो कर रहे थे वह बहुत ख़तरनाक था और मुझे लगा कि उन्हें समझाना मेरी ज़िम्मेदारी है।

"देखो रितेश, तुम्हारी बात ठीक है। लेकिन यह भी तो देखो कि लॉकडाउन है और कोरोना जैसी महामारी है।"

कुछ पल रितेश चुप रहा। मुझे लगा कि उसे मेरी बात समझ आ रही है। लेकिन फिर...

"कोरोना से पहले हम सब भूख से ही मर गए तो, सर?"

भूख! रितेश ने मुझे अन्दर तक चीर दिया। मैं ख़ुद को कोसने लगा कि मुझे पुलिस प्रशासन और जनप्रतिनिधियों पर भरोसा करने के बजाय अपने दम पर ही इनके लिए कुछ करना चाहिए था। शायद अब भी ग़लती सुधारी जा सकती थी।

"अरे, मैं हूँ न...तुम वापस ग़ाज़ियाबाद आओ। मैं कराता हूँ तुम सबके लिए एक महीने के राशन का इन्तज़ाम।"

मुझे यक़ीन था कि मेरा यह प्रस्ताव रितेश ठुकरा नहीं पाएगा।

"नहीं, सर! अब तो मकान मालिक भी अन्दर घुसने नहीं देगा।"

"बात करेंगे न उससे। समझाएँगे उसको।"

यह जानते हुए भी कि मकान मालिक को समझाना मुश्किल काम है, मैंने वादा कर दिया था।

"वो नहीं मानेगा, सर! निकलने से पहले वो बोला था कि अगर अभी बाहर चले गए तो अब, जब तक कोरोना खत्म नहीं होगा, तुम लोगों को मकान में आने नहीं दूँगा।"

"अरे, पुलिस की मदद लेंगे रितेश।"

"पुलिस तो हम लोगों को ही उस दिन डाँट-डपट कर चली गई थी सर, जब हमने आपको वीडियो भेजे थे। दरोगा बोला कि सरकार की शिकायत करोगे तो कोई मदद नहीं मिलेगी।"

मैं लगातार निरुत्तर होता जा रहा था। लेकिन अभी हार मानने का वक़्त नहीं आया था और उसकी वजह थी वे सारी दर्दनाक ख़बरें जो पिछले दिनों मैंने पढ़ी थीं। मैं कैसे भूल सकता था कि अभी एक महीने पहले ही 29 मार्च को गुड़गाँव के पास ट्रक ने पाँच लोगों को कुचल दिया था। मरने वालों में दो महिलाएँ और दो बच्चे भी थे। ये सभी हरियाणा के विलासपुर से 400 किलोमीटर दूर यूपी के बदायूँ पैदल जा रहे थे। मैं कैसे भूल सकता था 39 साल के युवा रामवीर सिंह को, जो दिल्ली से पैदल मुरैना (मध्य प्रदेश) जाते वक़्त आगरा में सड़क पर गश खाकर गिरकर जान गँवा बैठा था। वह तुग़लक़ाबाद के एक रेस्टोरेंट में डिलीवरी ब्वॉय का काम करता था। लॉकडाउन घोषित हुआ तो मालिक ने कह दिया कि अब न रहने को जगह मिलेगी और न ही तनख़्वाह। मजबूरन रामवीर पैदल ही अपने गाँव के लिए निकल पड़ा। आगरा तक की दो सौ किलोमीटर की दूरी उसने दो दिन में तय की लेकिन आगरा पहुँचते ही वो गश खाकर ऐसा गिरा कि दोबारा उठ नहीं सका। बाद में उसकी पोस्टमार्टम रिपोर्ट से पता चला कि थकान और भूख की वजह से उसे दिल का दौरा पड़ा था। रामवीर का तो नाम भी पता चल गया था क्योंकि उसके साथ और लोग थे। लेकिन कई लोगों की जान तो ऐसी गुमनामी में गई कि देश के अलग-अलग शवगृहों में अपनी पहचान के इन्तज़ार में कई दिनों तक पड़ी रहीं।

"तुम ख़बरें पढ़ते हो न रितेश? रास्ते में मज़दूरों के साथ क्या-क्या हो रहा है?"

मैं जानता था कि मैं रितेश के साथ कुछ ज़्यादा ही क्रूर हो रहा था। पर मुझे लगा कि यह ज़रूरी है।

"हाँ, सर, सुना था कि बहुत लोग रास्ते में ही मर जा रहे हैं।" सहज भाव से रितेश ने जवाब दिया।

"तो?"

"तो क्या, सर?"

"तो...तब भी जाओगे?"

"यहाँ मरने से अच्छा तो यही है न सर कि गाँव जाने की कोशिश में रास्ते में ही मर जाएँ। कम-से-कम अफसोस तो नहीं रहेगा कि हम कोशिश नहीं किए।"

"तुम क्या बोल रहे हो? तुम जानते भी हो रितेश?"

"जानते हैं, सर, लेकिन जानकर भी क्या कर लेंगे? आप बताइए। हम दो भाई हैं। दोनों भाई यहीं गाजियाबाद में साथ रहते हैं। हम दोनों को ही कुछ हो गया तो गाँव में माँ-बाप को मरने पर आग देने वाला भी नहीं बचेगा। अब कम-से-कम एक भाई तो गाँव पहुँचेगा।"

"और वह भी नहीं पहुँचा तो?"

मैं समझ रहा था कि मुझे इतना कड़वा नहीं बोलना चाहिए। उस वक़्त उन्हें मेरी हमदर्दी न सही, नैतिक समर्थन तो चाहिए ही था। रितेश ने मेरी सख़्ती का बुरा नहीं माना। शायद पूरे जीवन में रितेश और बाक़ी मज़दूरों ने यही सब तो सुना होगा और यहाँ तो उसे भी एहसास था कि मैं जो भी कुछ कह रहा हूँ, उनके भले के लिए ही कह रहा हूँ।

"एक भी नहीं पहुँचा तो हम मान लेंगे कि यही हमारा माँ-बाप का क़िस्मत था।"

अब मैं एकदम नि:शब्द था। मेरे पास कहने को कुछ नहीं बचा था। मैं बेचैनी से कसमसा रहा था कि करूँ तो क्या करूँ? मैं न चाहते हुए भी गवाह बन रहा था एक ऐसे घटनाक्रम का, जिस पर न मेरा नियंत्रण था और न मेरा

कोई सीधा सम्बन्ध। मैं बस यही सोच-सोचकर विचलित हो रहा था कि कहीं कुछ दिन बाद इन मज़दूरों की ख़बर टीवी या अख़बार में सुनने या पढ़ने को न मिले। लेकिन क्या मुझे बस ख़बर आने का ही इन्तज़ार करना चाहिए? क्या मैं कुछ ऐसा नहीं कर सकता कि कम-से-कम ये लोग ख़बर न बनें? क्या मुझे इस यात्रा और भारत विभाजन के बाद के सबसे बड़े पलायन का गवाह नहीं बनना चाहिए? क्या मुझे नहीं देखना चाहिए कि ये करोड़ों मज़दूर किस कष्ट में इतनी लम्बी और ख़तरनाक यात्राएँ कर रहे हैं?

"रितेश! अपनी लोकेशन भेजो।"

मैंने फ़ैसला कर लिया था। पर रितेश नहीं समझा।

"लोकेशन? क्यों, सर?"

"अरे, मैं आ रहा हूँ तुम्हारे पास।"

"लेकिन हमारे पास आकर आप क्या करेंगे, सर?"

"मैं भी चलूँगा तुम लोगों के साथ। सहरसा तक।"

"सहरसा तक? लेकिन क्यों?" रितेश हैरान था।

"अरे, तुम लोकेशन तो भेजो। मिलकर बताता हूँ।"

रितेश का कोई जवाब मिलता इससे पहले मुझे उसके फ़ोन पर शोरगुल और गाली-गलौज सुनाई देने लगी।

"सर, मैं बाद में बात करता हूँ। इधर पुलिस आ गई है।"

और रितेश ने फ़ोन काट दिया। मुझे अन्देशा हो गया था कि अब रितेश और बाक़ी मज़दूरों के साथ क्या होने वाला है।

2

पुलिस की गाली और लाठी

पहला दिन : 27 अप्रैल, 2020

सहरसा
1232 किलोमीटर

बेहद पुरानी एक चप्पल। तक़रीबन उतनी ही पुरानी एक गुड़िया। सड़क के बीचोबीच पड़ी थी वह गुड़िया और चप्पल, जिनके आसपास दिख रहे थे ख़ाकी वर्दी में कुछ पुलिस वाले और उनकी लाठियाँ। गुड़िया और चप्पल के ऊपर से दो-तीन गाड़ियाँ भी गुज़र चुकी थीं। जब भी कोई गाड़ी गुज़रती आशीष का दिल बैठ जाता। गन्दे नाले के ठीक ऊपर दुबककर बैठे आशीष को पता था कि पुलिस के लिए उन दोनों की कोई क़ीमत नहीं है। और कोई दिन होता तो वह अब तक बेख़ौफ़ होकर अपनी गुड़िया और चप्पल उठा ले आता। लेकिन उसे एहसास था कि आज रात उसने यह हिम्मत दिखाई तो उसकी ख़ैर नहीं। वह कैसे भूल सकता था कि अभी दस मिनट पहले यहाँ इसी सड़क पर क्या तांडव मचाया गया, जब उसे और उसके साथ चल रहे तीस मज़दूरों को पुलिस ने रोक लिया था।

"मादरचो...! अपनी मइया चु... जा रहे हो क्या बैनचो...?"

"नहीं, सर जी, मइया घर में रो रही है। खाना नहीं खा रही है इसलिए...।"

रितेश ने अपना वाक्य भी पूरा नहीं किया था कि बेहद दुबले-पतले शरीर का वह नया-नया पुलिस फ़ोर्स में आया सब इंस्पेक्टर अपने क़द के मुक़ाबले दोगुनी आवाज़ में चिल्लाया...

"बहन के लौ...! पुलिस से ज़बान लड़ाता है?"

रितेश समझ गया कि मुँह खोला तो बस फिर लाठियाँ ही बरसेंगी। वह चुप रहा। लेकिन सब इंस्पेक्टर कहाँ चुप रहने वाला था।

"बोल! बोलता क्यों नहीं?"

रितेश चुप रहा। लेकिन सब इंस्पेक्टर को अभी बहुत कुछ कहना बाक़ी था। उसने मुँह ढकने के लिए लगाया मटमैला-सा मास्क नीचे किया।

"तुम सब ठीक से समझ लो। सौ मीटर आगे गंगाजी हैं और 80 किलोमीटर पीछे ग़ाज़ियाबाद है...जहाँ से तुम आए हो। बोलो...पुलिस को तुम सबको कहाँ पहुँचाने में ज़्यादा सुविधा होगी?"

सौ मीटर आगे गंगा जी? आशीष एकबारगी चौंक गया। अच्छा, तो हम गढ़मुक्तेश्वर वाली उस गंगा के किनारे तक पहुँच गए हैं। उसका बिहारी ठेकेदार भारती ठाकुर अपने भाई के श्राद्ध और पिंडदान के लिए एक बार इसी जगह आया था और उसने लौटकर आशीष को बताया था कि जिस गंगा को हम पटना में देखते हैं, उस गंगा और गढ़मुक्तेश्वर की गंगा में ज़मीन-आसमान जितना फ़र्क़ है। उसने कहा था कि गंगा अपने अन्तिम पवित्र रूप में गढ़मुक्तेश्वर में ही दिखती है और उसके बाद गंगा, गंगा नहीं रह जाती। तब से आशीष की बड़ी इच्छा थी कि वह कभी गढ़मुक्तेश्वर जाकर गंगा के अन्तिम पवित्र रूप को देखता। लेकिन उसके लिए पहले किसी का मरना ज़रूरी था, जो फिर हो नही पाया और आज, जब गंगा को क़रीब से देखने का अवसर था तो हालात ख़ुद की मौत के बन रहे थे।

सोच में डूबे आशीष ने देखा कि सब इंस्पेक्टर की धमकी का ही असर था कि चारों तरफ़ सन्नाटा पसर गया।

अपनी सहमी साइकिलों के साथ खड़े सारे मज़दूर समझ रहे थे कि अभी कुछ भी कहा या पूछा तो उसका नतीजा क्या होगा। सब इंस्पेक्टर भी समझ गया था कि उसकी जीत हो चुकी है।

"तो चलो, पलटो और फूटो यहाँ से!"

उसने बहुत हिक़ारत से देखा और चेहरे पर फिर से अपना मटमैला मास्क लगा लिया।

मज़दूर मुड़ने लगे। आशीष ने देखा कि हमेशा तेज़तर्रार रवैया दिखाने वाला रितेश

भी पलट रहा है। आशीष को भी समझ आ गया था कि पुलिस की इस बैरिकेड को तो पार किया जा सकता है लेकिन पुलिस की उस मरी हुई आत्मा के घेरे को कैसे पार करें जहाँ एक मज़दूर उसे इनसान तक नहीं दिखता है। आशीष ने साइकिल का हैंडल मोड़ा ही था कि उसे नज़र आया अपने मकान मालिक बनवारी लाल का चेहरा जो तीन दिन पहले ही तो उन सबके पास आकर कह गया था :

"इनसानियत दिखाने से मेरे बच्चों का पेट तो नहीं भरेगा ना! चाहे आधा ही किराया दो। कुछ तो दो। नहीं तो मकान ख़ाली कर दो।"

'नहीं तो मकान ख़ाली कर दो।' बनवारी के ये शब्द अचानक आशीष के कान में बार-बार गूँजने लगे और वह फिर बोल ही पड़ा :

"सर जी, अगर हम गाजियाबाद लौट भी जाएँगे तो हमारा मकान मालिक हमें कमरे में जाने नहीं देगा। हमारे पास किराया देने के पैसे भी नहीं हैं।"

आशीष एक ही साँस में सब इंस्पेक्टर के सामने इतना सब बोल गया।

"तो?" सब इंस्पेक्टर ने सीधा अगला सवाल दागा।

"आप ही बताइए, सर? हम लोग तो..."

आशीष इतना ही बोल पाया था कि एक झन्नाटेदार थप्पड़ उसके गाल पर पड़ा।

"मैं बताऊँ? ज़बान लड़ाता है? पुलिस करेगी तेरे किराए का इन्तज़ाम?" सब इंस्पेक्टर चिल्लाया। बाक़ी सारे मज़दूर दहशत में थे।

"नहीं, सर, आप बस हमें जाने दीजिए।" यह रितेश था।

सब इंस्पेक्टर का ग़ुस्सा अब सातवें आसमान पर था। उसने रितेश की साइकिल पर लात मारकर उसे एक तरफ़ पलट दिया। कॉलर पकड़कर रितेश को ज़मीन पर गिरा दिया और एक कॉन्स्टेबल से लाठी लेकर रितेश पर टूट पड़ा।

"नेतागीरी दिखा रहा है बैनचो...! बताया था न कि लॉकडाउन चल रहा है। लेकिन सुनना नहीं है। पुलिस से बहस करनी है। भगाओ मादरचो... को।"

सब इंस्पेक्टर का इशारा मिलते ही बाक़ी सिपाही मज़दूरों पर लाठियाँ बरसाने लगे। भगदड़ मच गई। जिसे जिधर राह मिली वह उधर भागा। जिसे

जहाँ जगह मिली, वह वहाँ दुबका। आशीष ने एक पुलिया के पीछे छिपने की जगह पा ली। वह वहीं दुबककर बैठा था। सड़क पर उसके साथी मज़दूरों का सामान बिखरा पड़ा था। किसी की साइकिल, किसी की पानी की बोतल, किसी का झोला। किसी का चना-सत्तू तो किसी की मूढ़ी। चने का सत्तू ताक़त के लिए काफ़ी अच्छा माना जाता है और चावल की मूढ़ी से पेट तो नहीं भरता लेकिन इससे यह एहसास ज़रूर हो जाता है कि काफ़ी कुछ खा लिया है। बिहार का ये पारम्परिक नाश्ता हर वर्ग में बहुत लोकप्रिय है। अक्सर बिहारी कभी गर्व से तो कभी मज़ाक़ में कहते भी हैं कि एक बिहारी सत्तू और मूढ़ी के सहारे पूरा जीवन निकाल सकता है। इन्हीं दोनों के सहारे ये मज़दूर 1232 किलोमीटर की यात्रा पर निकले थे लेकिन अब तो सब कुछ मिट्टी में मिल चुका था और उसी सत्तू और मूढ़ी मिली मिट्टी में पड़ी थी आशीष की एक गुड़िया और चप्पल के जोड़े में से एक चप्पल।

आशीष को किसी भी क़ीमत पर ये दोनों ही चीज़ें वापस चाहिए थीं। अभी पाँच दिन पहले ही तो उसकी नन्ही बेटी अंजनी ने उससे कहा था कि पापा जब आप गाँव आना, तो मेरे लिए एक साइकिल, एक गुड़िया और दूध में मिलाकर पीने वाला कम्प्लान लेकर आना। वह जानता था कि यह सब मुश्किल है। लेकिन उसको यह भी पता था कि चार साल की बेटी को यह समझाना तो असम्भव है कि कोरोना का वायरस, लॉकडाउन की लाचारी और पैसे ख़त्म हो जाना क्या होता है? उसी दिन जब वह किराया माफ़ करने की गुहार लेकर मकान मालिक बनवारी लाल के पास गया था तो उसे आँगन में यही पुरानी गुड़िया दिखी थी। बहुत हील-हुज्जत के बाद भी जब बनवारी ने किराया माफ़ करने से इनकार कर दिया तो आशीष ने उससे अपनी बेटी के नाम पर गुड़िया माँग ली। बनवारी ने भी शायद उसी वक़्त इसलिए दे दी क्योंकि उसकी बेटी 14 साल की हो चुकी थी। और चप्पल उसके लिए इसलिए ज़रूरी थी कि नंगे पैर वह साइकिल कैसे चलाएगा और साइकिल नहीं चला पाएगा तो 1232 किलोमीटर दूर बिहार के सहरसा में अपने गाँव मोहनपुर कैसे पहुँचेगा?

पुलिया के नीचे दुबके आशीष ने जब देखा कि पुलिस का ध्यान अब तक़रीबन 30 मीटर दूर मज़दूरों के दूसरे जत्थे पर है तो उसने चप्पल और अंजनी की गुड़िया को फिर से अपने क़ब्ज़े में लेने का फ़ैसला कर लिया। पिटते हुए मज़दूरों की चीख़ उसके कानों को चीर रही थी। लेकिन वह यह भी जानता था कि यही आख़िरी मौक़ा भी है। वह जैसे ही सड़क की तरफ़ बढ़ा, रामबाबू ने उसे रुकने का इशारा किया। आशीष ने देखा पर रुका नहीं। उसने चीते जैसी फुर्ती दिखाते हुए गुड़िया और चप्पल को लपका और उसी तेज़ी से वापस पुलिया की तरफ़ भागा। आशीष के साथ बाक़ी मज़दूरों ने भी राहत की साँस ली। सब जानते थे कि अभी कुछ देर पहले पहला थप्पड़ आशीष को ही पड़ा था।

"चलो, यहाँ से निकलते हैं।" आशीष ने सुझाव दिया।

"लेकिन जाएँगे कहाँ? सामने तो पुलिस है।" यह रामबाबू था।

"पुलिस तो सड़क पर है ना! हम इसी नाले के साथ-साथ चलकर गंगा नदी तक पहुँचते हैं। बाकी वहाँ पहुँचकर देखा जाएगा।" रितेश का सुझाव सभी मज़दूरों को पसन्द आया।

"लेकिन एक काम कर लो...तीन-चार ग्रुप बना लो। एक साथ तीस लोग चलेंगे तो पुलिस की नजरों में भी आएँगे और गाँव वालों की भी।" रामबाबू की बात पर तुरन्त अमल किया गया। 30 मज़दूरों के इस समूह में आशीष के दो और रितेश का एक भाई था। बँटवारा ऐसा हुआ कि सारे भाई अलग-अलग समूहों में बँट गए। रितेश और आशीष के समूह में उन दोनों के अलावा रामबाबू, संदीप, मुकेश, सोनू और कृष्णा थे। रामबाबू को छोड़कर बाक़ी छह सहरसा ज़िले के मोहनपुर गाँव के रहने वाले थे। रामबाबू समस्तीपुर के बिथान का था। पूरे ग्रुप में रितेश सबसे छोटा 22 साल का और रामबाबू सबसे बड़ा 35 साल का था। साँवले रंग का रितेश क़द में भी सबसे छोटा था पर उसके ज़बरदस्त आत्मविश्वास ने उसे अघोषित तौर पर ग्रुप का लीडर बना दिया था। रितेश के ग्रुप में आने का फ़ैसला करने के पीछे रामबाबू की दो वजहें थीं। पहली तो यह कि रितेश उसका साढ़ू भाई भी था। यानी रितेश की पत्नी और रामबाबू की पत्नी बहनें थीं। दोनों मज़ाक़ में दोस्तों को बताते

भी थे कि हम दोनों एक ही दुकानदार से ठगे गए लोग हैं। रामबाबू को चिन्ता यह भी थी कि 13 साल छोटे रितेश को कुछ हुआ तो वह अपनी पत्नी को क्या जवाब देगा। दूसरी वजह थी कि पाँचवीं पास होने के बावजूद रितेश आज के दौर की सारी नई जानकारियाँ रखता था। तीस लोगों के पूरे ग्रुप में यह रितेश ही था जिसने सबको स्मार्ट फ़ोन ख़रीदने के लिए प्रोत्साहित किया था, जिसके बाद मज़दूरों ने धीरे-धीरे स्मार्ट फ़ोन ख़रीदे। उन्हें व्हाट्सएप और वीडियो कॉल करना भी रितेश ने ही सिखाया था। जब ये सभी मज़दूर लोनी से चले थे, सभी ने एकमत से फ़ैसला किया था कि यहाँ से सहरसा तक का 1232 किलोमीटर का जो रास्ता रितेश बताएगा, उसी को सब मानेंगे। रितेश मोबाइल पर लोकेशन, गूगल मैप के ज़रिए पूरा रूट लगाना और देखना भी जानता था। रामबाबू को अपना स्वार्थ भी नज़र आया कि चाहे रास्ते में और कुछ हो जाए, रितेश के साथ रहेंगे तो भटकेंगे नहीं। और एक तीसरी वजह भी थी, जिसके बाद रामबाबू रितेश के और क़रीब आ गया। दरअसल रितेश ने अभी तीन दिन पहले ही कृष्णा को अपराधी बनने से बचाया था।

राशन की लगातार कमी और प्रशासन से कोई मदद नहीं मिलने के बाद इन मज़दूरों ने फ़ैसला कर लिया था कि अब सरकार के भरोसे रहने के बजाय ख़ुद ही कुछ करना होगा। इसके साथ ही सबके ज़ेहन में यह सवाल आया लेकिन क्या किया जाए?

इसका जवाब भी तुरन्त ही आ गया।

साइकिल से सहरसा चला जाए।

फ़ैसला होते ही सबने आनन-फ़ानन में गाँव से पैसे मँगाकर सेकेंड हैंड साइकिलें ख़रीदनी शुरू कर दीं। जल्द ही सबकी साइकिलों का इन्तज़ाम हो गया। कृष्णा अब तक साइकिल नहीं ख़रीद पाया था। वह लोगों को लगातार बता रहा था कि गाँव से पैसे बस आने ही वाले हैं, पैसे आते ही वह साइकिल खरीद लेगा। जबकि सच यह था कि गाँव में कृष्णा के माता-पिता पिछले एक हफ़्ते से लगातार उससे ही घर का रोज़ का खर्च चलाने के लिए पैसे माँग रहे थे। कृष्णा ने अपने पुराने ठेकेदार की साइकिल पसन्द कर रखी थी। ठेकेदार 1500 रुपए माँग रहा था। कृष्णा के पास मात्र 345 रुपए थे। उसने ठेकेदार

से कहा था कि लॉकडाउन ख़त्म होते ही जो पहली कमाई होगी, उससे वह सबसे पहले उसका बकाया चुकाएगा। लेकिन ठेकेदार नहीं माना। कृष्णा को इस बात का एहसास था कि सारे मज़दूर उसी की वजह से रुके हैं और अगर वह साइकिल का इन्तज़ाम नहीं करेगा तो वे कब तक उसके लिए रुके रहेंगे। लाचार होकर उसने ठेकेदार की साइकिल चुराने का फ़ैसला किया।

उस रात कृष्णा ने सबके सोने का इन्तज़ार किया। जब सब गहरी नींद में चले गए तो वह उठा और मकान से बाहर निकला। कृष्णा भूल गया था कि रितेश रोज़ इसी वक़्त सबके सोने के बाद मकान की छत पर आकर अपनी नवविवाहिता समतुल देवी से फ़ोन पर घंटों बतियाता था और अकसर वीडियो कॉल के ज़रिए ही प्रेम की उस सीमा तक पहुँच जाता था, जहाँ कोई भी नवविवाहित जोड़ा पहुँचना चाहेगा। उस रात भी रितेश छत पर जाकर अपनी पत्नी से बातें कर रहा था, उसने कृष्णा को मकान से बाहर जाते देखा तो समझ नहीं पाया कि आधी रात को कृष्णा कहाँ जा रहा है? उसने समतुल से अपने रोमांस पर विराम लगाया और कृष्णा के पीछे हो लिया। कुछ ही देर बाद उसने देखा कि कृष्णा ठेकेदार के मकान के पुराने से गेट के बाहर खड़ा है। रितेश को समझते देर न लगी कि कृष्णा का क्या इरादा है। कृष्णा ने जैसे ही गेट खोलने की कोशिश की, रितेश तेज़ी से उसकी तरफ़ लपका और उसे खींचते हुए ठेकेदार के घर से आगे ले गया।

"ये क्या कर रहा है यार?"

रितेश को देखकर कृष्णा पल भर के लिए भौचका हो गया, रोने लगा।

"क्या करता तू ही बता? तुम लोग कल चले जाओगे। मैं यहाँ अकेला रह जाऊँगा।"

"तेरे को क्या लगा है, हम सब तेरे को छोड़कर चले जाते?"

"रामबाबू तो यही बोल रहा था।"

कृष्णा ने किसी तरह ख़ुद को सँभाल लिया था।

"हाँ...ऐसा बात हो रहा था। पर पक्का कुछ नहीं हुआ था। चल कमरे में चलते हैं।"

"पर हमारा साइकिल?"

"वो तेरा नहीं, ठेकेदार का साइकिल है। समझा? पगला कहीं का।"

रितेश ने कृष्णा के सिर पर थपकी मारी। कृष्णा मुस्कुरा दिया।

अगली सुबह रितेश ने हिसाब लगाया। कृष्णा को 1155 रुपयों की और ज़रूरत थी उसने सभी साथियों से 40-40 रुपए लिए। अब उसके पास 1160 रुपए हो गए थे। कृष्णा के पास पहले से 345 रुपए थे। पाँच रुपए फ़ालतू ही हो रहे थे। ठेकेदार से साइकिल ख़रीदकर लौटते वक़्त रितेश ने वे बचे हुए पाँच रुपए कृष्णा से यह कहकर वापस ले लिए कि आगे की मंगलमय यात्रा के लिए मन्दिर में चढ़ा देते हैं। यह वह घटना थी, जिसने रितेश को उसके साथी मज़दूरों के बीच हीरो बना दिया था। रितेश भी यह बात समझने लगा था और इसका फ़ायदा उठाते हुए वह साथियों पर हुक्म भी चलाने लगा।

3

एक ख़तरनाक फेर

दूसरा दिन : 28 अप्रैल, 2020

सहरसा
1124 किलोमीटर

गंगा किनारे जंगल और खेतों के बीच से दो घंटे पैदल चलने के बाद भी जब कोई रास्ता नज़र नहीं आया तो रामबाबू और आशीष समेत सारे मज़दूर कुछ देर सुस्ताने की सोचने लगे। कृष्णा तो एकाध घंटा सोना चाहता था। लेकिन रितेश ने एकतरफ़ा फ़ैसला सुना दिया–'अभी भी पुलिस का ख़तरा है। अगर कोई रुका तो उसके लिए कोई नहीं रुकेगा। फिर वो अपना खुद निपटे।' रितेश की बात का असर हुआ। सब चलते रहे। आधी रात में किसकी हिम्मत थी अकेले रुकने की?

सुबह के चार बजने वाले थे। गाँव और जंगल के बीच की जगह सातों मज़दूर पस्त पड़े थे। साइकिलें अस्त-व्यस्त पड़ी थीं। तक़रीबन चार घंटे पैदल चलने के बाद ये सब तीन बजे यहाँ पहुँचे थे। झींगुरों की आवाज़ से पूरा जंगल गूँज रहा था। बीच-बीच में शान्त बह रही गंगा की कलकल भी सुनाई दे रही थी। मच्छरों का आतंक भी कम नहीं था। लेकिन जब एक दिन पहले ही दस घंटे साइकिल चला चुके, पुलिस की मार खा चुके और फिर साइकिल पकड़कर चार घंटे पैदल चले इन मज़दूरों में किसी को मच्छरों के दंश से बचने का होश नहीं था। इस वक़्त इनमें से किसी को कोई जंगली जानवर भी उठाकर ले जाता तो एक भी मज़दूर आँख खोलने तक की हालत में नहीं था। तभी रितेश के फ़ोन से आवाज़ आनी शुरू हुई जो धीरे-धीरे तेज़ होने लगी। चार बजे का अलार्म बज रहा था। रितेश ने नींद में ही शर्ट की अगली जेब से मोबाइल निकाला पर उसमें इतनी ताक़त भी नहीं बची थी कि वो उसे बन्द कर सके या देख सके। अलार्म बजता रहा। रितेश की आँख दोबारा लग

चुकी थी। जंगल की ख़ामोशी को चीरती वह आवाज़ फिर अपने आप शान्त हो गई। गाँव पहुँचने का सपना लेकर ग़ाज़ियाबाद से निकले सातों के सात मज़दूर लाश की तरह पड़े रहे और अपनी-अपनी गठरियों में दुबके रहे। आधे घंटे बाद मोबाइल दोबारा बजा तो खेत की मेंड़ पर टेक लगाकर बेसुध पड़े रामबाबू में कुछ हलचल हुई। उसने लेटे-लेटे ही रितेश पर हाथ मारा।

"अरे उठो! साढ़े चार बज गए हैं।"

रामबाबू का हाथ पड़ते ही रितेश हड़बड़ाकर उठा। मोबाइल की तरफ़ देखते ही वह तक़रीबन चिल्लाया, लेकिन किसी पर कोई असर नहीं हुआ। उनींदी हालत में ही रितेश ने अलार्म बन्द किया। वह समझ गया था कि ऐसे कोई उठने वाला नहीं है। वह किसी तरह हिम्मत बटोरकर उठा और एक-एक के पास पहुँचकर उन्हें जगाने लगा।

"चल उठ सोनू! पाँच बज गए हैं।"

"चलो उठो रामबाबू! छह बज गए हैं"

वक़्त ज़्यादा बताकर वह सबको जगाने लगा।

अगले 15-20 मिनट में सारे के सारे अपनी साइकिल के साथ तैयार थे। आसपास पानी तो कहीं था नहीं, इसलिए कोई भी दिशा-मैदान नहीं गया। हाथ-मुँह धोने का तो सवाल ही नहीं था। रामबाबू पेट पर दबाव की शिकायत कर रहा था। लिहाज़ा वह पाँच मिनट के लिए सबसे अलग ज़रूर हुआ। लेकिन पानी छूने के लिए उसने क्या व्यवस्था की होगी यह सबके दिमाग़ में रहस्य ही बना रहा। गाँव में ऐसे मौक़ों पर बचपन में ढेले से काम चला लिया जाता था। आज भी रामबाबू ने शायद यही किया था। अनुमान लगाने वालों का यही अनुमान था। रामबाबू के आने के बाद एक बार फिर चारों तरफ़ ख़ामोशी थी क्योंकि उसने यक्ष प्रश्न पूछ लिया था : आगे क्या करना है? जिसका जवाब किसी के पास नहीं था। फिर इस सन्नाटे को तोड़ा रितेश ने।

"पुलिस नहीं जाने दे रही तो न जाने दे। हम गंगाजी में उतरकर उसे पार करके आगे बढ़ेंगे।"

यह सुनते ही सब अवाक् हो गए।

"गंगा जी में उतरकर और वो भी साइकिल के साथ।"

30 साल का कृष्णा हैरान था। उसे अपने बूढ़े माँ-बाप और चार बच्चे–सबके चेहरे एक साथ नज़र आने लगे। चार बच्चों में तीन लड़कियाँ। सात साल का बेटा और फिर पाँच साल, तीन साल और दो साल की बेटियाँ। दूसरे बेटे की चाहत में एक के बाद एक बेटियाँ होती रहीं और परिवार चलाना मुश्किल हो गया। ऐसा ही कृष्णा के माता-पिता के साथ भी हुआ था। परिवार में सबसे बड़ा कृष्णा ही था लेकिन उसके माता-पिता को भी एक और बेटा चाहिए था। बेटा तो नहीं हुआ लेकिन चार बेटियाँ ज़रूर हो गईं। कृष्णा जानता था कि उस पर कितनी सारी ज़िम्मेदारियाँ हैं, इसलिए वह गंगा पार करने के रितेश के सुझाव से सहमत नहीं हुआ। लेकिन कृष्णा की चिन्ता से 23 साल का सोनू बेफ़िक्र था। उसने रितेश का साथ दिया।

"हाँ-हाँ, क्यों नहीं? जब अपने गाँव में हर साल बाढ़ आती है...दस-दस फीट पानी भर जाता है तो तब क्या हम अपने सामान के साथ सुरक्षित ठिकाना नहीं ढूँढ़ लेते हैं?"

"सोनू ठीक बोल रहा है, चलो।" इतना कहकर रितेश अपनी साइकिल की तरफ़ बढ़ा।

"ये गंगाजी हैं गंगा! पानी में बहाव भी होगा। थोड़ा दिमाग भी रखे हो या पुलिस की पिटाई में वो भी गँवा बैठे हो?" कृष्णा कुछ ग़ुस्से में था।

"तो हमारे पास रास्ता क्या है कृष्णा? गाजियाबाद लौटेंगे तो मकान मालिक घुसने नहीं देगा। यहाँ रहेंगे तो पुलिस जिन्दा नहीं छोड़ेगी...मरना ही है तो गंगाजी में मरें...कम-से-कम तर तो जाएँगे।"

रितेश को सुनकर सारे मज़दूर सकते में थे। लेकिन रितेश अभी चुप होने वाला नहीं था।

"मैं तो जा रहा हूँ...मेरे साथ जिसे चलना है वो अपना हाथ उठाए।"

रितेश ने देखा, सिर्फ़ दो हाथ उठे–रामबाबू और सोनू। तीनों ने अपनी साइकिलें उठा ली थीं। बाक़ी मज़दूर परेशान और असमंजस में थे।

"सबेरा होने का तो इन्तजार कर ले रितेश," कृष्णा के साथ बैठे मुकेश ने आख़िरी कोशिश की।

"पुलिस की लाठी सबेरा और साँझ नहीं देखती मुकेश।"

"लेकिन ये खुदकुशी है। रामबाबू कम-से-कम आप तो समझो।"

यह आशीष था। उसे लगा कि रामबाबू उम्र में बड़े हैं। कुछ समझेंगे, कुछ समझाएँगे। रितेश मान जाएगा। लेकिन रामबाबू रितेश के ख़िलाफ़ जाए—यह कम ही होता था।

"अपने पास और कोई रास्ता नहीं है आशीष। चलकर देखते हैं। जितना दूर साइकिल ले जा सकते हैं, लेकर जाएँगे। नहीं जा पाए तो साइकिल छोड़कर गंगाजी पार कर लेंगे। कुछ तो करना ही पड़ेगा ना।"

आशीष चुप हो गया। रामबाबू की बात से रितेश को हिम्मत मिली।

"चलो रामबाबू।"

इतना बोलकर रितेश गंगा के किनारे की तरफ़ बढ़ने लगा। रामबाबू और सोनू उसके पीछे हो लिए। बाक़ी मज़दूर बहुत तनाव में थे। वे जानते थे कि रितेश ज़िद का पक्का है। उसे रोक पाना असम्भव है। उन्हें पूरा यक़ीन हो चला था कि अगले दस-पन्द्रह मिनट में उनके सात के समूह में से तीन मज़दूर कम होने वाले हैं। कृष्णा की घबराहट बढ़ती जा रही थी।

"रितेश...।" कृष्णा पूरी ताक़त से चिल्लाया।

"रितेश! रुक जा यार! कुछ रास्ता निकालते हैं।"

लेकिन रितेश नहीं रुका।

"अरे मुकेश...आशीष तुम बोलो न यार।" कृष्णा ने बाक़ी साथियों से मदद माँगी। फिर तो सभी रितेश, सोनू और रामबाबू को पुकारने लगे।

रितेश!

सोनू!

रामबाबू!

आसमान में एक साथ कई आवाज़ें गूँजने लगीं। अचानक चारों तरफ़ से कुत्तों के भौंकने की आवाज़ें भी आने लगीं जिसमें पूरा माहौल डरावना हो गया। कृष्णा समझ गया कि और शोर हुआ तो आसपास के गाँव वाले जाग जाएँगे। उसने सभी को चुप रहने का इशारा किया। उसने देखा कि रितेश और बाक़ी दो साथी गंगा के किनारे पहुँच चुके हैं।

कृष्णा के पास अब कोई रास्ता नहीं था। वह तेज़ी से गंगा की तरफ़

दौड़ने लगा। उसने तय कर लिया था कि वह रितेश के पैर पकड़ लेगा और उसे किसी भी हालत में गंगा में उतरने नहीं देगा। कृष्णा के पीछे-पीछे आशीष, मुकेश और संदीप भी दौड़ पड़े।

गंगा के किनारे पहुँचकर रितेश, रामबाबू और सोनू ने रेत पर माथा टेका और गंगाजी को प्रणाम किया। वे अभी खड़े ही हुए थे कि कृष्णा और बाक़ी साथियों को देखकर हैरान हो गए।

"जिद मत कर रितेश। मान जा यार। हम सब कुछ सोचते हैं।"

"क्या सोचेगा? हम लोग सारे सोच के दायरे से बाहर के लोग हैं... चल सोनू।"

"अरे रामबाबू! तुम तो सबसे बड़े हो...तुम्हारी अक्ल को क्या हो गया? कुछ तो समझाओ इसे।" कृष्णा ने रामबाबू पर आख़िरी कोशिश की।

"इसे तो समझा दूँ...खुद को कैसे समझाऊँ? बताओ?"

रामबाबू के जवाब से निराश कृष्णा समझ गया कि अगर रामबाबू भी रितेश को नहीं समझा सकते तो अब कुछ नहीं हो सकता। तभी उसे दाईं तरफ़ दो सौ मीटर की दूरी से गंगा की तरफ़ आती दो आकृतियाँ दिखाई दीं। अँधेरा होने की वजह से साफ़ कुछ नहीं दिख रहा था लेकिन कृष्णा ने इस अँधेरे में भी उम्मीद ढूँढ़ ली थी।

"मेरे विचार से मछुआरे जग गए हैं। वो देखो...।"

कृष्णा के हाथ के इशारे पर सब लोग दाईं तरफ़ देखने लगे। उसने कहा, "वहाँ नाव भी खड़ी है, चलो बात करते हैं...क्या पता मदद मिल जाए।"

कृष्णा के सुझाव में दम था। सभी के क़दम उन दो मछुआरों की तरफ़ मुड़ गए। रितेश को भी कुछ उम्मीद नज़र आने लगी थी। जब तक वे सब वहाँ पहुँचे, मछुआरे अपने नाव की रस्सियाँ खोलने में जुट गए थे। अचानक सात अजनबी लोगों को गंगा किनारे साइकिल के साथ देखकर वे दोनों भौचक हो गए।

"हाँ भैया? क्या बात है?" पहला मछुआरा बोला।

"भैया...हम लोग गाजियाबाद से सहरसा जा रहे हैं...बिहार..." रितेश ने कमान सँभाल ली।

"तो इधर कैसे?" दूसरे मछुआरे ने पूछा।

"उधर हाइवे से पुलिस जाने नहीं दे रही, बहुत मार रही है...तो हमने सोचा जंगल के रास्ते गंगाजी पार करके आगे बढ़ते हैं...थोड़ी मदद कर दो।"

दोनों मछुआरों ने एक-दूसरे की तरफ़ देखा।

"जे बात तो सही है कि पुलिस बहुत मार रही है...।"

"तो हमारी मदद कर दो भाई साहब।"

"अरे बताया तो अभी...पुलिस चूतड़ सुजा दे रही है...कल ही इसके भाई को बहुत पीटा और दिन भर थाने में रखा..." पहले मछुआरे ने दूसरे की तरफ़ इशारा करके बताया।

"और पता है किसलिए पीटा...उसने तीन साइकिल वालों को गंगा पार करा दी थी।"

"तो हमारी भी थोड़ी मदद कर दो न भाई साहब।" कृष्णा ने निवेदन किया।

"अरे बताया न...पुलिस बाँस कर दे रही है।"

"मदद कर दो न भाईसाब...प्लीज।"

"प्लीद पलीद न करो यार..."

"अरे भाईसाहब चाहो तो कुछ पैसे ले लो..."

"बात पैसे की नहीं है। पुलिस की पिटाई की है, वह कौन भुगतेगा?"

"हम भुगत लेंगे भाईसाहब..."

रितेश ने बहुत ही गम्भीरता से कहा लेकिन मछुआरों को लगा कि उनका मज़ाक़ उड़ाया जा रहा है।

"तुझे मस्ती आ रही है...हैं?"

"नहीं भाईसाहब...मैं सच बोल रहा हूँ...प्लीज मदद कर दो ना।" रितेश ने समझाने की कोशिश की।

"नहीं भैया...मदद के नाम पर हमें अपनी नहीं मरानी है।"

रितेश को एहसास हो गया था कि मछुआरे ख़ौफ़ में हैं और इनसे और बात करने का मतलब है और समय बर्बाद करना।

"कोई नहीं भाईसाहब!...चल सोनू।"

रितेश के साथ ही बाक़ी लोगों ने भी साइकिल गंगा की तरफ़ बढ़ा दी। पर कृष्णा को अब भी उम्मीद थी।

"भाईसाहब...देख लो...थोड़ी मदद कर दो...बहुत दूर, 1200 किलोमीटर जाना है हमें।"

"नहीं हो पाएगा भैया! सुबह-सवेरे दिमाग़ ख़राब न करो।" पहले मछुआरे ने फ़ैसला सुना दिया।

कृष्णा समझ गया कि अब कुछ नहीं हो सकता। सबकी नज़रें गंगा में प्रवेश कर रहे रितेश और बाक़ी मज़दूरों पर थीं।

"अरे इसे समझाओ, आगे बीस-बीस फ़ीट गहरा पानी है! लाश भी नहीं मिलती है।" दूसरा मछुआरे ने कृष्णा को बताया।

"रितेश! ये भाईसाहब बोल रहे हैं कि आगे बीस-तीस फ़ीट तक गहरा पानी है...रितेश!!" कृष्णा चिल्लाया।

लेकिन कृष्णा को सुना-अनसुना कर रितेश, रामबाबू और सोनू आगे बढ़ते गए। अब वे गंगा के पानी में चल रहे थे। पानी घुटनों तक था। चारों बहुत सँभलकर आगे बढ़ रहे थे। सबके चेहरों पर घबराहट थी। पीछे से फिर कृष्णा की आवाज़ सुनाई दी।

"रामबाबू!! ये लोग बता रहे हैं कि गंगाजी में मगरमच्छ भी हैं।"

मगरमच्छ की बात सुनना ज़ाहिर तौर पर तीनों के लिए डर का कारण बन गया। पर अब किया भी क्या जा सकता था। वे कमर तक पानी में पहुँच चुके थे। चलने की रफ़्तार बहुत कम हो गई थी। वे एक-एक क़दम फूँक-फूँककर रख रहे थे। रितेश छोटे क़द का था। पानी उसके गले तक पहुँचने लगा था। किनारे खड़े मछुआरों और मज़दूरों की साँसें अटक रही थीं। सब किसी अनहोनी की आशंका से बेचैन हो रहे थे। वे सोच रहे थे कि साइकिल लेकर गंगा के बहाव में तैरना और नदी पार करना असम्भव है। अगर अचानक कहीं पानी गहरा हुआ तो पलक झपकते तीनों सिर एक साथ गंगा में समा जाएँगे और सब कुछ एक झटके में ख़त्म हो जाएगा।

साथियों के डूबने की कल्पना कर कृष्णा अन्दर तक सिहर गया। वह फिर चिल्लाया।

"रुक जाओ रितेश! रुक जाओ सोनू!! रुक जाओ!!!"

बाक़ी मज़दूर भी चिल्लाने लगे।

लेकिन रितेश, रामबाबू और सोनू गले तक पानी में आगे बढ़ते गए।

तभी दूसरा मछुआरा चिल्लाया—

"अरे चूतियो! रुक जाओ!! रुक जाओ सालो!!! हम तुम्हें नाव से गंगा पार करा देंगे।"

पहले मछुआरे ने हैरानी से दूसरे की तरफ़ देखा। लेकिन वह कुछ बोला नहीं। इतना तो वह भी जानता था कि उसने इन तीनों को रोकने में कुछ पल की और देर कर दी होती तो तीनों की मौत तय थी।

4

उस रात दो ही ईश्वर

दूसरा दिन जारी

सहरसा
1074 किलोमीटर

28 अप्रैल की सुबह तक़रीबन 7.30 बजे जब मैं उठा तो देखा मोबाइल पर चार मिस कॉल हैं। चारों फ़ोन रितेश के थे। आमतौर पर मैं देर से सोता हूँ। 2 बजे तक। पता रहता है कि नींद पाँच-छह घंटे की ही मिलती है, इसलिए उसमें ख़लल पड़ने के अन्देशे की वजह से सोने से पहले फ़ोन साइलेंट मोड पर कर देता हूँ। उस सुबह मुझे ख़ुद पर बड़ा ग़ुस्सा आया कि रात को ही रितेश से बात हुई थी, यह भी पता था कि सब लोग मुसीबत में हैं, मेरी ख़ुद की सहरसा साथ चलने की योजना बन रही थी–इसके बावजूद कोई अपना फ़ोन साइलेंट कैसे कर सकता था? लेकिन अब अफ़सोस करके क्या हो सकता था। मैंने उसी वक़्त रितेश को फ़ोन लगाया। पहली ही घंटी में फ़ोन उठ गया। और अगले दस मिनट तक मैं बस हूँ-हाँ करते हुए रितेश को सुनता रहा। उसने रात की पूरी बात बता दी। मैं अन्दर तक सिहर गया। अब मेरा फ़ैसला पक्का हो गया था कि मुझे इनके साथ जाना ही जाना है। चाहे कुछ हो जाए।

"रितेश, इस वक़्त तुम लोग कहाँ हो?"

पूरी बातचीत सुनने के बाद रितेश से यह मेरा पहला सवाल था।

"ये तो हम लोगों को भी नहीं पता है, सर!"

"कल रात तुम लोग ब्रजघाट पर थे तो अब तो तुम मुरादाबाद के पास पहुँच गए होंगे?" मेरा पुश्तैनी घर मुरादाबाद से 100 किलोमीटर आगे बरेली में है, लिहाज़ा मैंने अनुमान लगाया।

"नहीं, सर, हम मुरादाबाद के रास्ते नहीं जा रहे हैं।"

"तो फिर किधर से जा रहे हो? रास्ता तो वही है न रितेश।"

"हाँ, सर, रास्ता तो वही है लेकिन उधर हाइवे पर पुलिस मार रही है, इसलिए हम लोग अपना रूट चेंज कर दिए हैं और गाँव-जंगल का रास्ता पकड़े हैं।"

"कैसे रितेश?" रितेश की बात सुनकर मैं हैरान था।

"सर, वो मोबाइल का लोकेशन मैप वाले में जो पैदल चलने वाला दिखाता है न, हम इसमें वो डाल दिए हैं तो वो हमको सही रास्ता दिखा रहा है।"

मैं यक़ीनन रितेश के आईक्यू पर विस्मित था। गूगल मैप में जब भी कहीं जाने के लिए अपना गंतव्य स्थान डालते हैं तो आपको तीन विकल्प मिलते हैं–कार, मोटरसाइकिल और पैदल। पुलिस की मार से बचने के लिए रितेश ने तीसरा विकल्प चुना था। वह जानता था कि साइकिल तो कहीं भी जा सकती है। कौन कह सकता था कि यह रितेश बस पाँचवीं तक पढ़ा है। ये सब सुनकर तो मेरी इनसे मिलने की इच्छा और तीव्र हो गई।

"तो ठीक है! तुम मेरे व्हाट्सएप पर अपनी लोकेशन भेजो।"

तुरन्त जवाब देने वाला रितेश अचानक चुप हो गया। उसकी ख़ामोशी कुछ सेकेंड तक क़ायम रही।

"हैलो रितेश! आवाज़ जा रही है?" ख़ामोशी को मैंने ही तोड़ा।

"हाँ, सर।"

"तो अपना लोकेशन भेजो।"

"लोकेशन से क्या करेंगे, सर?"

"अरे, कल रात बताया न कि मैं चलूँगा तुम लोगों के साथ सहरसा तक।"

"पर क्यों, सर?"

"यह सब मैंने तुम्हें मिलकर समझा दूँगा, पहले तुम अपना लोकेशन तो भेजो।"

एक बार फिर रितेश की तरफ़ से आवाज़ आनी बन्द हो गई। कोई जवाब नहीं। मुझे समझ नहीं आ रहा था कि वह ऐसा क्यों कर रहा है।

"रितेश...रितेश!! तुम्हें अपना लोकेशन भेजने में कोई दिक़्क़त है क्या?"

"नहीं, सर...हमको लोकेशन भेजना आता नहीं है।"

"रितेश...लोकेशन नहीं भेजना चाहते हो तो मत भेजो लेकिन झूठ मत बोलो।"

मुझे पता था कि वह साफ़ झूठ बोल रहा है।

"नहीं, सर, वो बात नहीं है।"

"तो क्या बात है रितेश?"

"सर, ये सब हमारा साथ का लोग बोल रहा था कि लोकेशन पा जाने के बाद आप हमारा लोकेशन पुलिस को बता देंगे...इसीलिए..."

"तुम लोग पागल हो गए हो क्या? तुम लोगों को मुझ पर भरोसा नहीं है?"

मैं एकदम सकते में था और दुखी भी। एक रात पहले पड़ी पुलिस की मार ने इन सबको मेरे प्रति भी अविश्वास से भर दिया था। कुछ हद तक वे सब ठीक भी थे।

"हमको तो विश्वास है, सर, बाकी लोग मना कर रहा है।"

"यार, ये तो तुम लोग दिल तोड़ रहे हो मेरा।"

मैं निराश था कि इतने दिनों में मैं इन सब मज़दूरों का विश्वास तक नहीं जीत पाया।

"ऐसा मत बोलिए, सर! मैं सबसे दोबारा बात करके आपको थोड़ी देर में फोन करता हूँ।"

एक बार फिर उम्मीद की किरण जागी। मुझे लगा कि जवाब सकारात्मक आए या नकारात्मक—मुझे तो जाना ही है, कैसे भी इन सबको ढूँढ़ ही निकाल लूँगा। लिहाज़ा यात्रा की तैयारी शुरू करनी चाहिए। एक डॉक्यूमेंट्री फ़िल्म मेकर की यात्रा की तैयारी क्या हो सकती है? एक अच्छा कैमरा, उसे चलाने वाला भरोसे वाला कैमरामैन, कुछ लाइट, एक सहयोगी और एक साउंड रिकॉर्डिस्ट। पहले से ही एहसास था कि कोरोना और लॉकडाउन की वजह से इतने कम समय में यह सब होना बहुत मुश्किल था। मेरे जानने वाले तक़रीबन सारे कैमरामैन ने पहले तो यह कहकर मना कर दिया कि लॉकडाउन की वजह से कहीं से भी शॉर्ट नोटिस पर कैमरा ही नहीं मिलेगा। लेकिन जब मैंने बताया कि मेरे पास 4K रेजोल्यूशन वाला सोनी एफ. एस. फ़ाइव कैमरा है तो उनका तर्क था कि बिना असिस्टेंट, बिना लाइट के शूट कैसे होगा?

साउंड वाला भी कैसे मिलेगा? मैंने बताया कि लाइट तो नहीं, लेकिन मेरे पास प्रोफ़ेशनल लेपल माइक भी रखे हैं तो जवाब था कि हाँ! वह सब तो ठीक है लेकिन और भी बहुत सारी चीज़ें चाहिए होती हैं...उन्होंने पूरी की पूरी लिस्ट गिना दी—ट्राइपोड, फ़िल्टर, कैमरा, लैंस और भी न जाने क्या-क्या!! मैं समझ चुका था कि असल बात कोरोना का ख़ौफ़ था, जिसे खुलकर कोई कहना नहीं चाह रहा था यह डर वाजिब भी था। लॉकडाउन का मक़सद ही था कि लोग घरों के अन्दर रहें और संक्रमण को फैलने से रोकें। मेरे परिवार ने भी मुझे बहुत समझाया। ख़तरे के बारे में बताया, जो मैं ख़ुद भी समझता था। लेकिन कुछ लोगों का काम ही ऐसा होता है कि उन्हें जान के ख़तरे के वक़्त भी काम करना पड़ता है। मैं सौभाग्यशाली हूँ कि मैं भी ऐसे ही एक प्रोफ़ेशन का सालों से हिस्सा रहा। तमाम विरोध के बाद मेरे परिजन तो मान गए पर बड़ी समस्या थी टीम की, जो बन नहीं पा रही थी। जब मैं सब जगह से हार गया तो मैंने अपने सबसे पुराने और विश्वस्त सहयोगी मानव यादव को याद करने का फ़ैसला किया। 26 साल के मानव ने मेरी तक़रीबन सभी फ़िल्मों या डॉक्यूमेंट्री में मेरे साथ काम किया है मेरे लिए वह हमेशा 'वन मैन आर्मी' की तरह रहा। कोई काम ऐसा नहीं था जो मानव को न आता हो। चाहे वह डायरेक्शन हो, प्रोडक्शन हो, कैमरे का काम हो या एडिटिंग का और ज़रूरत पड़ने पर अकाउंट से लेकर क़ानूनी समझौतों को अमलीजामा पहुँचाने तक। और जो सबसे बड़ी ख़ासियत थी—कभी भी, किसी भी काम को न नहीं कहने की आदत। उसकी बस एक ही दिक़्क़त थी—वह साल में दो-तीन बार कबीर सिंह बन जाता था। वह जिस पर दिल लगाता, वह किसी और पर दिल लगा लेती तो मानव कुछ वक़्त के लिए कबीर सिंह हो जाता। मुझे एहसास था कि उन दिनों भी मानव कबीर सिंह की भूमिका में ही था क्योंकि जिस पर उसने ताज़ा-ताज़ा दिल लगाया था, उसकी शादी एक महीने पहले ही हुई थी। लेकिन मुझे यह भी भरोसा था कि मैं उसकी कबीर सिंह वाली भूमिका से आसानी से निपट सकता हूँ। इन तमाम बातों पर विचार करने के बाद आख़िरकार मैंने मानव को फ़ोन लगाने का फ़ैसला किया। बिना समय गँवाए मानव ने अपनी सहमति दे दी और तय हो गया कि अब हम और किसी से बात नहीं करेंगे,

एक घंटे बाद अनिश्चिन्तता से भरी यात्रा पर नोएडा से निकलेंगे। चाहे हमें रितेश से लोकेशन मिले या न मिले। सोनी का प्रोफ़ेशनल कैमरा भी साथ रखेंगे और ज़रूरत पड़ने पर आई फ़ोन से भी शूट करेंगे। हमें यह जानकारी थी कि आई फ़ोन से भी 4K में शूट किया जा सकता है और पिछले कुछ वर्षों में कई शानदार फ़िल्में आई फ़ोन पर ही शूट हुई हैं।

नोएडा से निकलने से पहले मैंने रितेश को फिर फ़ोन किया। उसने फ़ोन नहीं उठाया। उसने अभी तक अपनी लोकेशन हमें नहीं बताई थी। मैंने ख़ुद को यही समझाया कि हो सकता है फ़ोन साइलेंट मोड पर होगा, रितेश साइकिल चला रहा होगा, उसे पता नहीं चल पाया होगा और वह कॉल बैक करेगा। हमें चलना चाहिए।

लॉकडाउन की वजह से नेशनल हाइवे पर मरघट जैसा सन्नाटा था। दूर-दूर तक न कोई गाड़ी, न कोई आदमी। चार-पाँच किलोमीटर चलने के बाद कभी-कभार आवश्यक सेवाएँ लिखी कोई गाड़ी दिख जाती या पैदल या साइकिल से अपने गाँव लौटते कुछ मज़दूर। फिर अगले कई किलोमीटर तक चौतरफ़ा सन्नाटा। साफ़ था कि लॉकडाउन के तक़रीबन 35 दिन बाद भी देश भर में रितेश और उसके साथियों जैसे हज़ारों मज़दूर सड़कों पर थे। पलायन बदस्तूर जारी था। क़रीब दो घंटे बाद नेशनल हाइवे नम्बर 24 पर लगे विशालकाय बोर्ड पर नज़र पड़ी। वह बता रहा था कि हम ब्रजघाट से मात्र तीन किलोमीटर की दूरी पर हैं। वही ब्रजघाट, जहाँ एक रात पहले मज़दूरों पर पुलिस ने लाठियाँ बरसाई थीं। तमाम आशंकाओं के साथ मैंने चौथी बार रितेश को फ़ोन लगाया। घंटी तब तक बजती रही जब तक अपने आप बन्द नहीं हो गई। मानव ने अपनी आशंका खुलकर ज़ाहिर कर ही दी।

"वह फ़ोन नहीं उठाएगा, सर, मुझे नोएडा से निकलते ही यह एहसास हो गया था।"

मानव की बात में मुझे दम नज़र आया।

"तो अब क्या किया जाए?"

"क्या एक बार मैं अपने नम्बर से उसे फ़ोन लगाऊँ? उसके पास मेरा नम्बर नहीं होगा। क्या पता वह उठा ले।"

सुझाव अच्छा था। ऐसा करना बेशक मुझे हमेशा से अनैतिक लगता रहा है लेकिन इस समय हमारे पास और कोई विकल्प नहीं था। नोएडा से तक़रीबन 90 किलोमीटर दूर आ चुके थे। तैयारी थी मज़दूरों की यात्रा के संघर्ष को क़रीब से देखने की। लेकिन जिसके साथ जाना चाहते थे, उससे सम्पर्क ही नहीं हो पा रहा था।

मानव ने अपने नम्बर से फ़ोन लगाया। घंटी आख़िर तक बजती रही। फ़ोन नहीं उठा। इससे मुझे बहुत राहत मिली और उम्मीद नज़र आई कि मानव का भी फ़ोन नहीं उठा रहा है तो इसका मतलब यह हुआ कि रितेश मुझे नज़रअन्दाज़ नहीं कर रहा है। वह वाक़ई ऐसी परिस्थिति में है कि फ़ोन नहीं उठा पा रहा। मैं यही सब सोच रहा था कि मेरा फ़ोन बजने लगा। स्क्रीन पर देखा। लिखा आ रहा था 'रितेश लॉकडाउन कॉलिंग'–इसी नाम से रितेश का नम्बर मेरे मोबाइल में सेव था। मेरी ख़ुशी का ठिकाना नहीं रहा।

"अरे रितेश! तुम फ़ोन क्यों नहीं उठा रहे हो यार? कब से कर रहा हूँ।" रितेश के फ़ोन उठाते ही मैंने पूछा।

"सर, हम लोग एक कोई आश्रम के पास रुक गए थे। बैटरी खत्म होने वाला था। इसलिए फोन चार्ज पर लगा दिया था।"

यह भी राहत की ख़बर थी। इसका मतलब रितेश मुझे नज़रअन्दाज़ नहीं कर रहा था।

"अभी कहाँ हो तुम लोग?"

"ये तो पता नहीं, सर...कोई गाँव है, उसके पास।"

"लोकेशन भेजो मुझे। मैं ब्रजघाट पहुँच गया हूँ और अब मैं वापस नोएडा जाने वाला नहीं हूँ।"

मैंने रितेश को फ़ैसला सुना दिया था। रितेश ने भी फ़ैसले को सहर्ष स्वीकार कर लिया।

"भेज रहा हूँ, सर...अब तो भेजना ही पड़ेगा।"

"हाँ भेजो।"

"आप सच में ब्रजघाट पहुँच गए हैं क्या, सर?"

"अरे हाँ यार! कहो तो अपनी लाइव लोकेशन भेजूँ?"

"नहीं, सर...मैं अपनी लोकेशन भेज रहा हूँ।"

मुझे यक़ीन हो चला था कि रितेश को मुझ पर यक़ीन हो चला है। अब लोकेशन आ जाएगी और फिर फ़ोन कटने के दो मिनट बाद ही रितेश और बाक़ी मज़दूरों की लोकेशन आ गई। वे सभी हमसे बस 46 किलोमीटर दूर थे। हमने अन्दाज़ा लगाया कि सुबह गंगा पार करने के बाद अभी दोपहर एक बजे तक वे लोग सिर्फ 46 किलोमीटर का ही सफ़र तय कर पाए हैं। छह घंटे के हिसाब से यह दूरी काफ़ी कम थी। मानव ने मुझे बताया कि गाँव-देहात के ऊबड़-खाबड़ रास्तों के हिसाब से इतना सफ़र काफ़ी अच्छा ही माना जाना चाहिए। रास्ते में कुछ आराम भी किया ही होगा और पुलिस की पिटाई से बचने के लिहाज़ से तो फ़ायदे का ही सौदा था। कितनी अजीब बात है न? एक ग़रीब मज़दूर किसी तरह पुलिस की पिटाई से बच जाए तो उसे फ़ायदे का सौदा ही माना जाता है। मैंने मन-ही-मन ख़ुद को कोसा कि मैं ऐसा सोच भी कैसे सकता हूँ। कोसकर भी क्या होना था। सच तो यही था।

गूगल मैप के हिसाब से हम रितेश और बाक़ी मज़दूरों से अब सिर्फ़ 12 किलोमीटर दूर थे। मेरा उत्साह, मेरी उत्सुकता चरम पर थी। मज़दूरों से मिलने में उत्साह की ऐसी क्या बात थी? दो ही वजह थीं शायद। यह पहला मौक़ा था कि मैं करोड़ों की तादाद में पलायन कर रहे मज़दूरों को क़रीब से देखने जा रहा था और दूसरी वजह थी कि मुझे लग रहा था कि ऐसा करने वाला मैं पहला व्यक्ति हूँ जो इस पूरी यात्रा का न सिर्फ़ गवाह बनने जा रहा हूँ, बल्कि उसका दस्तावेज़ भी तैयार करने जा रहा हूँ। यह तो थी मेरे स्वार्थ की बात। इससे इतर अहम बात यह थी कि 14 दिन में मुझे इन मज़दूरों से लगाव भी हो गया था। इन मज़दूरों को मैं 12 अप्रैल से जान तो रहा था लेकिन अब तक एक बार भी मिल नहीं पाया था। 28 अप्रैल को सबसे मेरी पहली मुलाक़ात होनी थी। लिहाज़ा उसकी उत्सुकता भी थी। वैसे अगर ईमानदारी से कहूँ तो कह सकता हूँ कि इस उत्साह के पीछे मेरा अपना स्वार्थ भी कम नहीं था। इसके बावजूद हम यह नहीं भूले कि गाँव-देहात के रास्ते में रितेश और बाक़ी मज़दूरों को पता नहीं कुछ खाने को मिला होगा या नहीं। लॉकडाउन की वजह से नेशनल हाइवे पर सब कुछ बन्द था तो गाँव

के रास्ते में कुछ मिलने की उम्मीद न के बराबर ही थी। यही सब सोचकर हमने खाने-पीने के कुछ सामान की तलाश शुरू की। क़रीब सात-आठ किलोमीटर चलने के बाद एक क़स्बा आया–भीमनगर। यहाँ भी सब कुछ बन्द था। बस एक परचून की दुकान आधी खुली थी और एक पेड़ के नीचे एक ठेलेवाला बैठा था। परचून की दुकान से पार्ले जी बिस्किट के 25-30 पैकेट ख़रीद लिए और ठेलेवाले से तीन दर्जन केले। कार का पिछला हिस्सा स्टॉक से भर लिया। गूगल मैप अब हमें इशारा दे रहा था कि दूरी मात्र एक किलोमीटर की रह गई है। बेचैनी का आलम यह था कि कार का स्टीयरिंग मैंने ख़ुद सँभाल ली थी। नज़रें लगातार खस्ताहाल सड़क और दाएँ-बाएँ के खेतों पर थीं कि कहीं ग़लती से हम आगे न निकल जाएँ। मुझे लगा कि फ़ोन पर बातचीत और कुछ वीडियो के आधार पर एक बार में पहचान पाना भी शायद मुश्किल हो। तभी मुझे दो सौ मीटर की दूरी पर एक अकेली साइकिल रुकी हुई नज़र आई। शायद ख़राब हो गई थी। साइकिल सवार नीचे झुककर कुछ देख रहा था। साइकिल के कैरियर पर पीले रंग का अम्बुजा सीमेंट्स का एक कट्टा रखा हुआ था।

"सुनो, सहरसा जाने वाले तुम्हीं लोग हो क्या?"

पास में कार रुकते ही मैंने पूछ लिया। उस साइकिल सवार ने बिना किसी भाव के बस हाँ में सिर हिला दिया।

"बाक़ी लोग कहाँ हैं?"

"वे सब आगे हैं।"

"तुम रितेश हो क्या?"

रितेश के अलावा और नाम उस वक़्त मेरी मेमोरी में फ़ीड नहीं हो पाए थे, लिहाज़ा समझते हुए भी कि यह रितेश नहीं है, मुँह से निकल ही गया।

"नहीं, मैं आशीष हूँ।"

मैंने मन-ही-मन सोचा।

अच्छा तो यह वही आशीष है जिसके बारे में रितेश ने बताया था कि कैसे उसने जान पर खेलकर अपनी चप्पल और बिटिया की गुड़िया वापस पाई थी। आशीष गोरा-चिट्टा था, उसके बाल घुँघराले थे। वह बातचीत में

काफी संयम से बोलता था। उसको देखकर तो कोई नहीं बता पाता कि वह दिहाड़ी मज़दूर है।

"तुम पीछे क्यों रह गए आशीष?" मैंने जान-पहचान बनाने की कोशिश की।

"पता नहीं मेरा चेन बहुत टाइट हो गया है, इसलिए रुकना पड़ा।"

"और उन लोगों ने तुम्हें छोड़ दिया तो?"

"नहीं, वे मुझे छोड़कर नहीं जा सकते।" आशीष मुस्कुराने लगा।

"क्यों?"

"उन सबका खिचड़ी मेरे पास है, छोड़कर जाएँगे तो खाएँगे क्या?"

शरारती मुस्कान के साथ आशीष ने अपनी साइकिल के हैंडल पर लटक रहा खिचड़ी का झोला दिखाया।

मुझे अच्छा लगा कि विषम हालात में भी आशीष मुस्कुराने का बहाना ढूँढ़ रहा है।

"खिचड़ी कहाँ से आई?"

"अभी पीछे कोई संस्था वाला बाँट रहा था।"

आशीष की साइकिल ठीक हो चुकी थी। ऐसा लग रहा था कि कुछ देर के आराम ने उसकी सारी बैटरी रिचार्ज कर दी है। उसने साइकिल को बुलेट ट्रेन बना दिया। मैंने अन्दाज़ा लगाया, शायद वह मुझे प्रभावित करना चाह रहा है। हमने अपनी कार उसके साथ लगा दी।

"अरे, आराम से चलो आशीष।"

"नहीं, सर...वे सब आपका बहुत देर से इन्तजार कर रहे हैं।"

"अच्छा?"

"हाँ, सर।"

"पर रितेश ने तो लोकेशन दी नहीं मुझे।"

"तब भी हम सब जानते थे कि आप आएँगे, रितेश बोला था कि सर ब्रजघाट तक आ गए तो लोकेशन भेज देंगे।"

मैं इन सबकी सरलता, सहजता और स्पष्टवादिता पर फ़िदा होता जा रहा था।

"और मैं ब्रजघाट पहुँचने वाली बात झूठ बोल देता तो?"

"हम जन-मजूर लोगों से झूठ बोलकर आपको क्या मिलता, सर?"

"यह तो तुम ठीक बोल रहे हो आशीष।"

"यही बात मैं रितेश को भी समझाया, तब सब लोग बोला कि सर को लोकेशन भेज दो।"

मुझे ऐसा लग रहा था कि पाँच मिनट की बातचीत में ही आशीष ने मुझे ख़रीद लिया है। अब हमें पाँच-छह साइकिलें और दिखने लगी थीं। सभी सड़क किनारे खड़ी थीं। दो-तीन मज़दूर सड़क पर बैठे हुए थे। कुछ साइकिल के पास थे। आशीष के साथ हमारी कार देखकर सबको समझ आ गया था। कार रुकते ही सबने हमें घेर लिया।

"भई, एक-एक करके सब अपना परिचय दो...और सबसे पहले ये बताओ, रितेश कौन है?"

कार से उतरते ही मेरी पहली जिज्ञासा यही थी क्योंकि कुछ लोगों ने मास्क भी लगाए हुए थे। हमारी डॉक्यूमेंट्री की शूटिंग भी शुरू हो चुकी थी।

"रितेश मैं हूँ, सर!"

लाल शर्ट पहने एक बेहद दुबला-पतला साँवला लड़का आगे आया।

"क्या उम्र है तुम्हारी?"

"22 साल, सर...23 वाँ चल रहा है।"

"तो इस ग्रुप में सबसे छोटे तुम ही हो न?"

"हाँ, सर!"

"और सबसे बड़ा?"

"सबसे बड़े वो हैं, सर। रामबाबू। 35-36 का होगा।"

रितेश ने इशारे से दिखाया। रामबाबू कुछ दूरी पर एक पेड़ के नीचे खड़े होकर फ़ोन पर किसी से ऊँची आवाज़ में बात कर रहा था।

"हमको पुलिस ने पकड़ भी लिया तो हम कहीं से भी फ़ोन चार्ज करके, तुमको बताने के बाद ही जेल में जाएँगे। ठीक है, तुम हमारी चिन्ता मत करो।"

"रामबाबू किससे बात कर रहा है?" मैंने रितेश से पूछा।

"अपना घर वाली से, सर...कल रात का घटना के बाद सबका घर में लोग सब डर गया है।"

रितेश के यह कहने के बाद मैंने सबके चेहरों को पढ़ने की कोशिश की। हरेक चेहरे पर ख़ौफ़ साफ़ नज़र आ रहा था।

इसके बाद रितेश ने एक-एक करके बाक़ी बचे लोगों से मेरा परिचय कराया। कृष्णा पंडित, सोनू यादव, संदीप कुमार और मुकेश पंडित। सभी की उम्र 24 से 30 साल के बीच थी। रामबाबू को छोड़कर बाक़ी छह सहरसा ज़िले के मोहनपुर गाँव के रहने वाले थे। रामबाबू का गाँव समस्तीपुर के बिथान में पड़ता था। रितेश और रामबाबू का साढ़ू भाई का रिश्ता था, इसलिए सब साथ रहते थे।

"अरे, तुम लोगों ने सुबह से कुछ खाया या नहीं?" उन सबके थके चेहरे देखकर अचानक मुझे ध्यान आया।

"नहीं, सर!"

यह रामबाबू था, जो फ़ोन पर अपनी बातचीत छोड़कर हमारे बीच आ गया था।

"लेकिन तुम लोगों को खिचड़ी तो मिली है न...वह क्यों नहीं खाई?"

"वो हम आगे के लिए बचाए हैं, सर...अभी तो जैसे-तैसे काम चल जा रहा है। आगे पता नहीं कुछ खाने को मिलेगा या नहीं?" रितेश ने समझाने की कोशिश की।

"अरे, तुम लोगों का दिमाग़ ख़राब हो गया है क्या? इतनी गर्मी पड़ रही है। सुबह से ख़ाली पेट साइकिल चला रहे हो। किसी को रास्ते में कुछ हो गया तो फिर पहुँच गए तुम लोग सहरसा।"

मैं रितेश का तर्क सुनकर हैरान था और मजबूरी समझ भी रहा था। मेरी बात सुनकर सब चुप ही रहे।

"ठीक है, तुम लोगों को खिचड़ी बाद में खाना है तो बाद में खा लेना। अभी मेरी कार में केले और बिस्किट रखे हैं। फ़िलहाल वही निकालकर खा लो तुम लोग। सोनू, जरा निकाल लो भाई।"

सोनू ने कोई संकोच नहीं दिखाया। किसी ने दो केले खाए तो किसी ने तीन। हमें तसल्ली हुई कि चलो अब कुछ ताक़त मिलेगी। आशीष की साइकिल के हैंडल से खिचड़ी के पैकेट वाला झोला यूँ ही लटका रहा। बचे

हुए केले सोनू ने वापस कार में रख दिए। मुझे लगा कि अब वह संकोच कर रहा है।

"अरे, और खा लो सोनू।"

"नहीं, सर, अब तो कार है हमारे पास। जरूरत पड़ेगी तो रुकवाकर खा लेंगे"

यह कहते हुए सोनू की आँख में कमाल की चमक थी। हमारे रुप में उसे एक उम्मीद नज़र आने लगी थी। चार भाइयों में सबसे छोटा सोनू पहली बार 13 साल की उम्र में सहरसा से दिल्ली आ गया था। तब वह सहरसा में आठवीं में पढ़ रहा था।

"पढ़ाई छोड़कर दिल्ली जाने का फ़ैसला क्यों किया था सोनू?" मेरे इस सवाल का जवाब देने में सोनू ने ज़रा भी देर नहीं लगाई।

"मेरे साथ के सब लड़के कमाई के लिए दिल्ली-बम्बई जाने लगे थे...मैंने सोचा कि जब मेरे साथ का कोई नहीं पढ़ रहा है तो मैं पढ़कर क्या करूँगा। चार पैसे कमाएँगे तो घर के काम आएँगे। तब इतनी ही अक्ल थी, सर!"

"तो तेरह साल की उम्र में बिहार से किसके भरोसे दिल्ली आ गए?"

"ये लेकर आया था, सर, मुझे?"

सोनू ने संदीप कुमार की तरफ़ इशारा कर दिया। मैं हैरान था कि संदीप की उम्र भी कोई ज़्यादा तो लग नहीं रही थी। उसी पल मुझे मेरी हैरानी का जवाब मिल गया। संदीप जब सोनू को दिल्ली लेकर आया था, उस वक़्त उसकी ख़ुद की उम्र महज़ 15 साल थी। दोनों कपड़े की एक फ़ैक्टरी में काम करते थे। सोनू को तीन हज़ार रुपए महीना मिलते थे और संदीप को चार हज़ार रुपए। दोनों की बातचीत सुन रहा रामबाबू बीच में कूद पड़ा।

"और मैं तो सर दस साल की उम्र में कलकत्ता चला गया था। चाय की दुकान पर काम करता था। पाँच सौ रुपया महीना पाता था।"

छोटे क़द के बेहद दुबले-पतले 29 साल के मुकेश कुमार पंडित की कहानी अलग थी। स्कूल तो वह पाँचवीं तक ही जा पाया। पिता बहुत ग़रीब थे और दूसरों के खेतों में काम करके गुज़र-बसर करते थे। पाँच भाई-बहनों में मुकेश सबसे बड़ा था। पढ़ाई छुड़ाकर पिता ने मुकेश को अपने साथ खेती के

काम में लगा दिया। 21 साल की उम्र तक मुकेश गाँव में ही खेती करता रहा और पहली बार जब वो गाँव से बाहर काम करने के लिए निकला तो ठेकेदार के साथ हिमाचल प्रदेश के शिमला पहुँचा। तय हुआ था कि पाँच हज़ार रुपए महीना मिलेगा लेकिन ठेकेदार चार हज़ार रुपए ही देता था।

केला ब्रेक के दौरान आशीष ने बताया कि एक रात पहले तक उसके दो बड़े भाई और रितेश का एक बड़ा भाई उनके साथ चल रहा था। पुलिस के लाठीचार्ज के बाद सब लोग तितर-बितर हो गए। अब वे सब सुरक्षित तो हैं लेकिन कहाँ हैं–किसी को पता नहीं चल पा रहा है। रितेश दावा कर रहा था कि उसने बाक़ी लोगों को फ़ोन पर साफ़-साफ़ समझाया था कि मुरादाबाद, रामपुर, बरेली वाला नेशनल हाइवे बिलकुल नहीं लेना है क्योंकि हाइवे पर चैकिंग और पिटाई का ख़तरा था। आशीष को आशंका थी कि बाक़ी लोग हाइवे से ही गुज़र रहे होंगे और यही सोच-सोच कर सबके हाथ-पैर काँप रहे थे। जब से इनके घरवालों को रात की घटना के बारे में पता चला था, सबने खाना-पीना छोड़ दिया था और आज सुबह तो किसी के घर चूल्हा भी नहीं जला था।

"अरे, तुम लोगों को अपने घरवालों को समझाना चाहिए कि तुम लोग अब ठीक हो।" मैंने दख़ल देने की कोशिश की।

"हम बोले थे, सर, लेकिन वो लोग बोलता है, तुम लोग रास्ते में मर रहे हो। ऐसे में हमारे गले के नीचे कौर कैसे उतरेगा?" रितेश बोला।

"छोटे-छोटे बच्चे भी खाना नहीं खा रहे हैं, सर!" आशीष ने बात को आगे बढ़ाया।

"किसके? तुम्हारे बच्चे?"

"जी, सर...न नीलकमल कुछ खा रहा है और न अंजनी..."

"लेकिन बच्चे तो बहुत छोटे हैं तुम्हारे?"

"जी, सर...नीलकमल तो बस आठ महीने का है और अंजनी चार साल की।"

"इतने छोटे बच्चों को इतना सब कहाँ समझ आता है आशीष?"

"नहीं आता है, सर! लेकिन छोटा बच्चा घर का माहौल तो बूझ ही जाता है न, सर!"

आशीष की बात काफ़ी हद तक सही थी। मुझे याद आया, जब मैं छोटा था। शायद चार साल का। तब हमारा परिवार जम्मू-कश्मीर के ऊधमपुर में रहता था। बहुत तेज़ बारिश हो रही थी। पानी छत से घर के अन्दर टपकने लगा था। एक तरफ़ की दीवार भी सरकनी शुरू हो गई थी। माँ-पिताजी पूरी रात घर बचाने में जुटे रहे। बीच में दो-तीन बार माँ ने मुझे खाना भी खिलाने की कोशिश की पर मैं सारी रात बस रोता रहा। बिना ठीक से समझे कि घर पर कितना बड़ा संकट आया हुआ है।

"तुम लोगों के इस ग्रुप का नेता कौन है?" मैंने माहौल को हल्का करने की कोशिश शुरू की।

"रामबाबू।" रितेश ने वक़्त गँवाए बिना कह दिया।

"नहीं, सर, रितेश ही है।" यह रामबाबू का पलटवार था।

"रितेश क्यों?" मैंने पूछा।

"वो इसलिए सर, क्योंकि हम पाँचवीं तक पढ़े हैं और रितेश आठवीं तक पढ़ा है।" रामबाबू के तर्क पर सब मुस्कुराने लगे।

"रितेश से भी ज़्यादा कोई पढ़ा-लिखा होगा न इस ग्रुप में?"

अब मेरी उत्सुकता इन मज़दूरों के बारे में और जानने की हो रही थी।

"हाँ, सर...मैं हूँ...मैंने बीए किया है।"

यह आशीष की आवाज़ थी। मैं चौंक गया।

"अच्छा? तुमने बीए किया है? क्या बात है! किस विषय से?"

"म्यूजिक में, सर।"

"अरे वाह! यह तो कमाल की बात है। फिर मज़दूरी में कैसे आ गए?"

"सहरसा जैसा जगह से संगीत में बीए करके आदमी जन-मजूर ही बनेगा न, सर!"

"ऐसी बात नहीं है आशीष...अगर तुममें संगीत का टैलेंट है तो तुम्हें कोई नहीं रोक सकता। तुम गाते भी हो क्या?"

आशीष ने कोई जवाब नहीं दिया।

"तो क्या कोई इंस्ट्रूमेंट बजाते हो?"

"नहीं सर, हमारे यहाँ बिहार में पास होने के लिए या अच्छा नम्बर लाने

के लिए बच्चा लोगों को मास्टर बोलता है कि म्यूजिक ले लो...उसमें बिना कुछ पढ़े-लिखे भी नम्बर आ जाता है।"

आशीष के ये बोलते ही मुझे ध्यान आए बिहार के कुछ वे चर्चित केस, जिनमें छात्रों ने पूरे बिहार बोर्ड में टॉप किया था। संगीत उनका प्रमुख विषय था और परिणाम घोषित होने के बाद जब उनसे सुर-ताल के बारे में पूछा गया तो वे कुछ भी नहीं बता पाए थे। फ़िलहाल इन बातों का यहाँ कोई मतलब नहीं था। मुझे आशीष की साफ़गोई पसन्द आई। मैंने उसका हौसला बढ़ाने के मकसद से कहा—

"तो क्या हुआ? फिर भी सबसे ज़्यादा पढ़े-लिखे तो तुम ही हुए न।"

"नहीं, सर! उस पढ़ाई का क्या मतलब है। लीडर तो रितेश ही है।"

मैंने मन-ही-मन सोचा, ये सब लोग कितने सीधे-सादे, निश्चल, निष्कपट लोग हैं। मैंने ख़ुद को ख़ुशक़िस्मत माना कि मुझे इनके साथ यात्रा करने और इन्हें क़रीब से देखने-समझने का मौक़ा मिल रहा है। ऐसे ही मज़दूर जब पहले घर में आते थे तब तो कभी नाम तक नहीं पूछता था। उनके बारे में जानने की कोई उत्सुकता ही न थी, सिर्फ़ काम से काम रहता था।

हाँ भैया, प्लास्टर कब तक हो जाएगा?

अरे भई, टाइल कब तक लग जाएगी?

देखना ज़रा...फ़र्श पर अपना सामान मत गिराना।

शाम को जाने से पहले सब क्लीन कर देना।

मेरे ख़याल से मज़दूरों से बस इतना ही संवाद होता था। कभी नहीं जाना कि वे कहाँ के रहने वाले हैं? परिवार में कौन-कौन है? यहाँ अकेले रहते हैं या परिवार के साथ? कमाते कितना हैं? ठेकेदार वक़्त पर पैसा देता है या नहीं? ये सवाल न कभी ज़ेहन में आए, न ही पूछे गए। हाँ, माता-पिता के संस्कारों की वजह से पानी, ठंडा और चाय के लिए हमेशा पूछा। दिन में दो बार बाक़ायदा बिस्किट के साथ चाय भी पहुँचाई लेकिन इससे ज़्यादा कभी कुछ नहीं। लेकिन अब इन सात लोगों के बहाने मैं करोड़ों मज़दूरों को जानने वाला था।

दोपहर बाद तक़रीबन साढ़े तीन बज रहे थे। सूरज पश्चिम की ओर बढ़ चुका था लेकिन धरती बुरी तरह तप रही थी और सारे मज़दूर पसीने से तरबतर थे। वे एक घंटे से चल रहे थे। पसीने की वजह से साइकिल का हैंडल उनके हाथों से बार-बार फिसल रहा था। किसी के मन में रुकने का ख़याल आता भी था तो वे फ़ौरन उस ख़याल को तुरन्त चलता कर देता था। इन सबके बीच तय हुआ था कि दो ही वजह से यात्रा रोकी जाएगी। किसी की साइकिल ख़राब हो गई हो या कोई बीमार पड़ गया हो वरना दो घंटे से पहले कोई ब्रेक नहीं लिया जाएगा।

सड़क किनारे बढ़ती दुकानों की संख्या को देखकर हमने अन्दाज़ा लगा लिया था कि हम किसी क़स्बे में पहुँचने वाले हैं। कुछ ही पलों में लाउडस्पीकर से अजान की आवाज़ गूँजने लगी। हमारा अनुमान ठीक था। हम मुरादाबाद के क़स्बा संभल पहुँचने वाले थे।

गूगल मैप पर रास्ता देखने के बावजूद रितेश यहाँ थोड़ा भ्रमित हो रहा था। सहरसा अब भी 1077 किलोमीटर दूर था। रितेश ने आसपास के लोगों से पूछना ज़रूरी समझा। संभल के लोग सीधा और अच्छा रास्ता बता रहे थे लेकिन कच्चे और ख़राब रास्ते के बारे में जानकारी माँग रहा था। लोगों को यह बात समझ नहीं आ रही थी कि वह रास्ता क्यों पूछ रहा है? तब रितेश को सच बताना पड़ा। संभल के लोग बड़े कमाल के निकले। पहले तो उन लोगों ने रितेश को हौसला दिया कि उसे सबकी सहूलियत को ध्यान में रखते हुए सीधा रास्ता ही लेना चाहिए। लेकिन जब रितेश नहीं माना तो एक-दो लोग ऐसे भी सामने आ गए, जो कहने लगे कि चलो पुलिस चैक पोस्ट हम पार करा देते हैं तुमको। लेकिन रितेश नहीं माना। वह जानता था कि एक पुलिस पोस्ट तो ये पार करा देंगे, आगे कौन कराएगा? जोखिम लेने का विचार अच्छा नहीं था। सबने रितेश की राय से सहमति जताई।

एक बार फिर सारी साइकिलें ऊबड़-खाबड़ रास्ते पर थीं। रितेश ने संभल से मुरादाबाद के बजाय संभल से चन्दौसी का रूट लिया था और उसकी योजना थी कि चन्दौसी से हरदोई का रूट पकड़कर बिसौली में कहीं रात को आराम किया जाए। हमें गूगल मैप से पता चला कि संभल से चन्दौसी

30 किलोमीटर है और चन्दौसी से बिसौली 27 किलोमीटर। शाम के चार बज चुके थे। 57 किलोमीटर और चलना था। हमने अन्दाज़ा लगाया कि ये लोग एक घंटे में दस किलोमीटर की दूरी भी तय कर सके तो रात दस बजे से पहले बिसौली नहीं पहुँच सकेंगे। उफ़! मुझे तो सोच-सोच कर ही बेचैनी होने लगी कि सुबह पाँच बजे निकले इन मज़दूरों को 11 घंटे चलने के बाद अभी 6 घंटे का सफ़र और तय करना है और रास्ते में न खाने का इन्तज़ाम था और न पीने का। पानी पीने को लेकर संघर्ष तो बहुत ही तकलीफ़देह था। इसी दौरान एक ऐसी घटना घटी जिसने कोरोना की भयावहता तो हम सबके सामने साक्षात् कर दिया। हुआ यह कि संभल से चार-पाँच किलोमीटर आगे बढ़ने के बाद संदीप और सोनू को प्यास लगी। वे सब उस समय एक छोटे से गाँव से गुज़र रहे थे। सोनू ने सड़क किनारे एक सरकारी हैंडपंप देखा तो उसने सभी को रुकने का इशारा किया और जैसे ही सारे लोग साइकिलों को स्टैंड पर लगाकर हैंडपंप के पास पहुँचे तो गाँव के दो-तीन लोग वहाँ पहुँच गए।

"अरे भइया...यहाँ नहीं...।" पहला गाँव वाला बोला।

इससे पहले कि सारे मज़दूर कुछ समझ पाते दूसरा गाँव वाला बोल पड़ा—

"पानी पीना था तो पीछे एक हैंडपंप पड़ा था, वहाँ काहे नहीं पानी पीया?"

"वो हैंडपंप खराब था भाई।" सोनू ने बेहद सधे अन्दाज़ में जवाब दिया।

"तो एक काम करो...डेढ़ किलोमीटर आगे बाएँ हाथ पर स्कूल पड़ेगा, वहाँ का हैंडपंप ठीक है।"

पहला गाँव वाला अब हैंडपंप के चबूतरे के पास खड़ा हो गया था।

"अरे पानी ही तो है भाई साहब...पीकर हम चले जाएँगे।"

रितेश को लगा कि उसकी बात गाँव वालों को समझ आएगी।

"पानी ही है, इसलिए बोल रहे हैं भैया। इस पंप से पूरा गाँव पानी पीए है... कौन जाने क्या बीमारी लेकर चल रहे हो तुम लोग।" यह तीसरा गाँव वाला था।

"शहर वाले तो हमको इनसान समझे नहीं भाईसाहब...अब आप लोग गाँव वाले भी वैसा ही कर रहे हो।" रामबाबू बहुत बेचैन हो रहा था। उसे बहुत जल्दी ताव आ जाता था। उससे रहा नहीं गया।

"क्या करें भैया? तुम्हीं बताओ...यह महामारी ही ऐसी आई हुई है...कितने

गाँव तो ऐसे भी हैं जो अपने यहाँ दिल्ली-बम्बई से आए लोगों को घुसने भी नहीं दे रहे हैं।" पहले गाँव वाले की आवाज़ में मजबूरी और हमदर्दी साफ़ दिख रही थी। तभी तीसरा बोला—

"यहाँ की बात तो अलग है। तुम लोग अपने गाँव तो पहुँचो। तुमको तुम्हारे गाँव वाले ही गाँव में घुसने नहीं देंगे।"

सारे मज़दूर समझ गए कि अब और बहस करने का फ़ायदा नहीं है। प्यास से ज़्यादा वे लोग अब तीसरे ग्रामीण की बात से परेशान थे। सभी लोग कुछ आगे बढ़े ही थे कि रितेश ने मुझसे पूछ ही लिया।

"क्या, सर? वो ठीक बोल रहा था क्या? हम लोगों को हमारा गाँव में गाँव वाला घुसने नहीं देगा क्या?"

"देखो...जो भी बाहर से आ रहा है उसे दो हफ़्ते के लिए क्वारंटीन, अलग तो रखा जा रहा है...हो सकता है कि तुम्हारे यहाँ भी कुछ ऐसा हो।"

मेरी बात सुनकर सब सोच में पड़ गए। लेकिन अब कुछ किया नहीं जा सकता था। अब सबका लक्ष्य था–डेढ़ किलोमीटर आगे बाएँ हाथ पर सरकारी स्कूल का हैंडपंप। हमारे लिए यह नया अनुभव था और नई जानकारी भी। यह बात एकदम कल्पना से परे थी कि कोरोना ने छुआछूत की ऐसी एक ऊँची दीवार खड़ी कर दी है कि लोग दूसरों को अपने गाँव का हैंडपंप भी छूने नहीं दे रहे। क्वारंटीन या अलग करने की बात तो अलग ही थी। इससे पहले हमने गाँवों में छुआछूत की बात सिर्फ़ जातियों को लेकर ही सुनी थी।

स्कूल का हैंडपंप काम कर रहा था। सबने पानी पीया और अपनी-अपनी बोतलों में भर भी लिया। पता नहीं आगे फिर कहाँ पानी मिले! जब सबने भर पेट पानी पीकर प्यास बुझा ली तब आशीष ने खिचड़ी वाला झोला खोल लिया।

"अरे, ये अभी क्यों खोल रहा है? अभी तो पानी पीया है।" हमेशा चुप रहने वाला मुकेश पहली बार बोला।

"पानी पीया है, इसीलिए तो खोल रहा हूँ। अभी पेट पानी से भरा है। कम खाया जाएगा। बच गई तो रात को खा लेंगे।"

आशीष के विचार पर किसी ने कोई प्रतिक्रिया नहीं दी। वह समझ गया था कि सबको उसका आइडिया पसन्द आया है। सभी खेत किनारे ही बैठ गए। प्लास्टिक की पॉलिथिन में रखी खिचड़ी खोल दी गई। रितेश ने अपने बैग से कुछ पुराने अख़बार निकालकर बिछा दिए। खिचड़ी उसी में बाँटी जा रही थी।

"आइए, सर...आप लोग भी खा लीजिए।" आशीष हमारी तरफ़ देख रहा था।

"अरे नहीं यार...अभी भूख नहीं है।" मैंने साफ़ झूठ बोला। वजह बस इतनी थी कि उन्हें यही खिचड़ी रात के लिए भी बचानी थी। हम दो भी खा लेते तो बचता क्या?

"आप भी तो सुबह से कुछ नहीं खाए होंगे न, सर?" आशीष ने दोबारा पूछा।

"हम लोग खा लिए थे यार...अभी मन नहीं है...आगे चलकर कुछ खा लेंगे।"

"सब कुछ तो बन्द है, सर! आगे क्या मिलेगा?" इस बार रितेश ने कोशिश की।

"अरे, तुम लोग खाओ ना। हम अभी ये केले खा लेते हैं।"

मानव ने मुझे और ख़ुद को धर्मसंकट से बचा लिया। हमने तो सुना था कि भूख और संकट इनसान को सबसे पहले स्वार्थी बना देता है। लेकिन यहाँ एकदम उलटा हो रहा था। अपनी समस्या भूलकर ये मज़दूर अपनी खिचड़ी हमारे साथ साझा करना चाह रहे थे।

खिचड़ी को सात हिस्सों में बाँट दिया गया और कुछ हिस्सा बचा लिया गया। उसकी मात्रा देखकर लग नहीं रहा था कि बचा हुआ हिस्सा भी बच पाएगा।

"अरे रुको...खिचड़ी में से बास आ रहा है।" रितेश की आवाज़ से सब चौंक गए और खिचड़ी सूँघने लगे।

"नहीं! कोई बास नहीं आ रहा है।" रामबाबू ने खिचड़ी सूँघकर फ़ैसला सुना दिया।

"हाँ...बास तो नहीं आ रहा है।" रामबाबू को सोनू का समर्थन मिला।

"अरे, बास आ रहा है यार...नाक खराब है क्या तुम लोगों का?" रितेश ने फिर समझाया।

"बास खिचड़ी का नहीं, तुम्हारा अपना शरीर का आ रहा होगा।" रामबाबू की बात पर सब हँसने लगे। रामबाबू ने खाना शुरू कर दिया तो बाक़ी लोग भी खाने लगे। रितेश ने मेरी तरफ़ देखा।

"सर, आप एक बार इसको चैक करेंगे?"

"यार, मुझे ये सब पता नहीं चलता है...मेरे घरवाले भी मुझसे इस बात को लेकर परेशान रहते हैं।"

रितेश के पास अब कोई रास्ता नहीं बचा था। उसने एक बार खाते हुए अपने साथियों को देखा और फिर वह भी खिचड़ी पर टूट पड़ा। कुछ ही देर बाद आशीष ने खिचड़ी का बचा हुआ हिस्सा भी बाँटना शुरू कर दिया। भूख को कब तक क़ैद करके रखा जा सकता था।

इन मज़दूरों के साथ शूटिंग का नियम हमने तय कर रखा था। हम दस-पन्द्रह मिनट शूट करते तो हमारी कार साइकिलों के साथ चलती थी। शूटिंग के बाद हम दस किलोमीटर आगे बढ़ जाते और कहीं किनारे कार रोककर सबका इन्तज़ार करते। यही सिलसिला लगातार चल रहा था। इससे हमारा काम भी हो जा रहा था और मज़दूरों की यात्रा में भी कोई ख़लल नहीं पड़ रही थी। खिचड़ी के कार्यक्रम के बाद भी हमने कुछ देर शूटिंग की और आगे पहुँचकर इन्तज़ार करने लगे। शाम के सात बजने वाले थे। सामने मील का पत्थर दिखा रहा था–चन्दौसी तीन किलोमीटर। हम शहर से बाहर के छोटे से क़स्बे, भीमनगर में थे। यह चन्दौसी का भीमनगर था।

हमने अन्दाज़ा लगाया कि अगर मज़दूर अगले पाँच मिनट में आ जाते हैं तो कहा जा सकता है कि तीन घंटे में तक़रीबन 27 किलोमीटर की दूरी तय की गई, वह भी खिचड़ी ब्रेक के साथ। यह अच्छी मानी जाएगी। हम मज़दूरों के आने का इन्तज़ार करने लगे। दस मिनट बाद भी जब वे नहीं आए तो यू टर्न लेकर पीछे जाने के सिवा हमारे पास और कोई विकल्प नहीं रहा।

हम कुछ दूर ही चले थे कि देखा सब पैदल चले आ रहे हैं।

"क्या हुआ?" पास पहुँचते ही मैंने सवाल किया।

"आशीष का टायर में हवा नहीं है और सोनू का चेन फँस रहा है।" निराश रामबाबू ने जवाब दिया।

"तुम लोग तो बता रहे थे कि पंप लेकर चल रहे हो?"

"हाँ, पंप तो था पर वो दूसरा बैच वालों के पास है।"

रितेश के झुके हुए कंधे भी हताशा की कहानी कह रहे थे।

"चलो, कोई नहीं...आगे एक क़स्बा है। देखते हैं शायद वहाँ कोई साइकिल वाला मिल जाए।"

मैंने सभी को सांत्वना देने की कोशिश की, यह जानते हुए और अपनी आँखों से थोड़ी देर पहले देखे हुए भी कि उस क़स्बे में तो एकदम मरघट जैसा सन्नाटा था। रूपा क़स्बे की बिजली भी ग़ायब थी। बस एकाध जगह से कुछ मोमबत्ती और मोबाइल की टॉर्च की रौशनी आ रही थी। ऐसे में कोई साइकिल वाला? भूसे के ढेर में सुई ढूँढ़ने से भी ज़्यादा मुश्किल था। मैं अन्दाज़ा लगाने लगा कि साइकिल वाले को ढूँढ़ने में कम-से-कम एक घंटा तो अब गया और नहीं मिला तब तो बिसौली पहुँचने का मतलब ही नहीं होगा। तब रात यहीं आसपास कहीं गुज़ारनी पड़ेगी। हम जब भीमनगर पहुँचे तब तक अँधेरा और गहरा चुका था।

"भाई साहब...यहाँ कोई पंक्चर वाला है क्या?" भीमनगर पहुँचते ही रितेश ने थोड़ा जोश दिखाया। वह जानता था कि समय गँवाया तो यहीं रुकना पड़ेगा। तीस किलोमीटर का नुक़सान हो जाएगा।

"एक है तो सही। लेकिन लॉकडाउन है न...उसकी दुकान बन्द है। चन्दौसी में शायद कोई खुली हो।" अधेड़ उम्र के उस आदमी ने रितेश को बताया।

"चन्दौसी यहाँ से कितना किलोमीटर है?" रितेश अब बेचैन हो रहा था।

"यही होगा चारेक किलोमीटर...पर लॉकडाउन तो वहाँ भी है न भैया।"

"तो यहाँ का जो साइकिल वाला है, वो किधर रहता है?"

"यहीं रहता है...मस्जिद वाली गली में।" उस अनजान आदमी से यह

सुनते ही रितेश की आँखें उस अँधेरे में भी चमकने लगीं।

"अरे वाह भाईसाहब...ये तो आपने बहुत अच्छी बात बताई। अब जरा उनका नाम-पता भी पता दो।"

"नाम-पता कुछ नहीं है भैया...आगे दो सौ मीटर से दाएँ हाथ मुड़ जाना... मस्जिद वाली गली आ जाएगी...वहाँ किसी से भी पूछ लेना अशरफ़ पंचर वाले का मकान किधर है?"

रितेश और बाक़ी लोगों के पैरों में जैसे नई जान आ गई। सब तक़रीबन भाग रहे थे मस्जिद वाली गली की तरफ़ और दुआ कर रहे थे कि अशरफ़ मिल जाए और उनकी तकलीफ़ दूर कर दे। एक मोहल्ले की तंग गलियों से होते हुए वे मस्जिद तक पहुँचे। वह एक छोटी-सी मस्जिद थी। दूर-दूर तक कोई नज़र नहीं आ रहा था। एक तरफ़ रात का अँधेरा, दूसरी तरफ़ लॉकडाउन। रामबाबू घबरा भी रहा था कि मोहल्ले वाले अनजान सात लोगों को देखकर न जाने क्या सोच लें। पिछले कुछ सालों से समाज में एक-दूसरे को लेकर जिस तरह का अविश्वास पैदा हुआ है और भीड़ के जमा होकर हत्या करने तक की ख़बरें देखने में आई हैं, उनसे ये मज़दूर भी वाक़िफ़ थे।

"मेरे विचार से हमें यहाँ से निकलना चाहिए। पता नहीं लोग क्या समझें?"

कृष्णा ने अपना डर ज़ाहिर कर दिया। कृष्णा के व्यक्तित्व की यही ख़ासियत थी। वह हमेशा सभी को आने वाले ख़तरे से आगाह कर देता था। गंगा नदी पार करने से पहले भी कृष्णा ने ही रितेश को रोका था। सभी लोगों को कृष्णा की बात समझ आ गई। सारे मज़दूर मुड़ने ही वाले थे कि उन्हें गली में एक सब्ज़ी का ठेला दिखाई दिया, वह बहुत धीमी रफ़्तार से उनकी तरफ़ आ रहा था। सब्ज़ी वाले की रफ़्तार सबको काटने को दौड़ रही थी।

"भाईसाहब...ये अशरफ़ पंक्चर वाले का घर कौन सा है?"

सब्ज़ी वाला अँधेरे में भी देखते ही समझ गया था कि ये लोग कौन हैं और अशरफ़ का घर क्यों पूछ रहे हैं, इसलिए उसने कोई सवाल नहीं पूछा।

"दाएँ हाथ पर चार मकान छोड़कर पाँचवाँ मकान, दरवाज़े पर टायर-ट्यूब लटके होंगे।"

सातों साइकिलें कुछ ही देर में अशरफ़ के मकान के बाहर थीं। सभी

असमंजस में थे कि दरवाज़ा कौन खटखटाएगा? सब एक-दूसरे का मुँह ताकने लगे। इस बार आगे आया सोनू यादव। उसकी भी चेन ठीक से काम नहीं कर रही थी। सोनू, रितेश से उम्र में पाँच महीने ही बड़ा था। क़रीब 23 साल। रितेश की तरह वह भी घबराता नहीं था। उसे गाँव पहुँचने की सबसे ज़्यादा जल्दी थी क्योंकि अभी एक महीने पहले ही वो एक बच्ची का पिता बना था और अब तक अपनी बच्ची को नहीं देख पाया था।

"पता है सर, मेरी घरवाली उषा बोलती है कि हमारी बच्ची हीरोइन सोनाक्षी सिन्हा जैसी दिखती है, इसलिए वो उसका नाम सोनाक्षी रख दी है।"

सोनू ने जब पहली बार अपने परिवार के बारे में बताया तब बहुत देर तक सोनाक्षी के बारे में ही बात करता रहा। जब मैंने पूछा कि वह सोनाक्षी से पहली बार मिलने जा रहा है तो उसके लिए उसने क्या लिया? इसका जवाब देने से पहले सोनू मुस्कुरा दिया और फिर बोला :

"लिया तो कुछ नहीं, सर, बस जाऊँगा, उससे मिलूँगा। उसे बहुत प्यार करूँगा। अपनी गोदी में रखूँगा।"

यह सब कहते हुए सोनू की आँखों में कमाल की चमक थी। ऐसी चमक उसके चेहरे पर तब भी आ जाती थी जब वह अपनी 17 वर्षीय छोटी बहन कोमल के बारे में बात करता था।

"वैसे तो वो मुझसे 6 साल छोटी है लेकिन हुक्म पूरा चलाती है। अभी उषा और सोनाक्षी का खयाल भी वही रख रही है। हम सब भाई कोमल के लिए पैसा जमा कर रहे हैं। जिस दिन दो लाख रुपया हो जाएगा, उसकी शादी कर देंगे।"

सोनाक्षी से जल्दी मिलने की चाहत में सोनू ने आख़िरकार अशरफ़ का दरवाज़ा खटखटा ही दिया। कुछ ही पल में दरवाज़ा खुला। तक़रीबन 30-32 साल का एक शख़्स बाहर निकला और पूछा—

"हाँ, क्या बात है?"

"भाईसाहब! अशरफ भाई से कुछ काम था।" सोनू सीधे मुद्दे पर आ गया।

"हाँ बोलो। मैं अशरफ़ हूँ।"

सोनू को उम्मीद नहीं थी कि अशरफ़ ही दरवाज़ा खोलेगा। वह थोड़ा सकपका गया।

"अशरफ भाई, ये हमारा साथी है आशीष। इसकी साइकिल पंक्चर हो गई है। और मेरी..."

"नहीं भैया, अभी नहीं हो पाएगा। देख रहे हो? बत्ती भी नहीं है।"

"अरे भाईसाहब, कुछ मदद कर दो हम लोगों की।" इस बार आशीष ने गुहार लगाई।

"बोला न भैया, नहीं हो पाएगा। हमारा बच्चा भी बीमार है। कल सुबह आ जाना आठ बजे।"

"हम लोग कल सुबह कैसे आएँगे भाईसाहब? हम लोग तो बिहार जा रहे हैं।" रितेश की बात सुनकर अशरफ़ एकदम चौंक गया।

"बिहार?"

"हाँ, सहरसा, बिहार।"

"और आ कहाँ से रहे हो?"

"लोनी, गाजियाबाद से।"

"तो बिहार कितना किलोमीटर पड़ेगा यहाँ से?"

"अभी होगा 1100 किलोमीटर भाईसाहब।"

रितेश, सोनू, आशीष को एहसास हो चला था कि अशरफ़ पिघल रहा है। ऐसे में बस एक कोशिश और करनी थी।

"मदद कर दो भाईसाहब। आपका एहसान हमेशा रखेंगे।"

अशरफ़ कुछ देर चुप रहा और फिर तेज़ी से दरवाज़ा बन्द करके घर के अन्दर चला गया। किसी को समझ नहीं आया कि अचानक ये क्या हुआ। दरवाज़ा फिर खुला। इस बार अशरफ़ के हाथ में एक झोला था।

"चलो...किसकी साइकिल पंक्चर है?"

अशरफ़ के यह कहते ही सातों मज़दूर ख़ुशी से झूम उठे। इसके बाद अशरफ़ ने न सिर्फ़ उसी वक़्त दुकान खोली, न सिर्फ़ आशीष का पंक्चर

लगाया, न सिर्फ़ सोनू की चेन ठीक की, बल्कि बिना बोले बाक़ी मज़दूरों की साइकिलों की भी अच्छे से जाँच की और ग्रीस-तेल डालकर दुरुस्त कर दिया। जब मज़दूरों ने पैसों के बारे में पूछा तो अशरफ़ ने हाथ जोड़ लिये, बस इतना कहा–दुआ करना, अगर किसी दिन मैं भी आपकी तरह मुसीबत में आऊँ तो मुझे भी कोई ख़ुदा का बन्दा मिल जाए।

अशरफ़ की बात सुनकर सबकी आँखें नम हो गईं। उसकी इनसानियत ने सारे मज़दूरों को नई ऊर्जा से भर दिया था। रात के आठ बजने वाले थे। मैंने यूँ ही पूछ लिया कि अब कितनी देर और चलने का इरादा है तो रामबाबू ने बेहद उत्साह के साथ कहा, साइकिल ने परेशान नहीं किया तो अब तो पूरी रात खींच देंगे, सर! मैं जानता था कि ऐसा करना असम्भव है, यह रामबाबू का महज़ जोश है। एकाध घंटे बाद ही सबको थकान घेरने लगेगी।

मेरा अनुमान सही निकला। मज़दूरों के लिए साइकिल पर पैडल मारना असम्भव-सा हो चला था। जब भी आशीष पैडल मारता, उसे ऐसा लगता जैसे पीछे से दो-तीन लोगों ने साइकिल के कैरियर को जकड़ लिया हो। एकाध बार तो उसने मुड़कर पीछे देख भी लिया और चिल्लाया भी : कौन है बे? लेकिन फिर वह समझ गया कि यह बस भ्रम है। रात के 11 बजने वाले थे। सुबह 5 बजे से साइकिल चलाते-चलाते अब तक 18 घंटे हो चुके थे। पुलिस से बचने के लिए हाइवे छोड़कर गाँवों और खेतों के ऊबड़-खाबड़, कच्चे रास्तों ने हिम्मत पस्त कर दी थी। खाने के नाम पर पूरे दिन में क्या मिला था? एक बार कुछ केले, बिस्किट और दोपहर बाद किसी स्वयंसेवी संस्था से बड़ी अच्छी सी पैकिंग में बासी खिचड़ी। अब यह अन्दाज़ा लगाना मुश्किल था कि खिचड़ी पैकिंग से पहले ही बासी थी या इस वजह से बासी हो गई थी कि आशीष और बाक़ी मज़दूरों ने उसे खाने में देर कर दी थी। एक बजे के आसपास मिली खिचड़ी सभी ने साढ़े पाँच बजे खाई थी। अब तो इस बात को भी छह घंटे होने वाले थे और इस वक़्त यह कहना मुश्किल था कि थकान ने ज़्यादा दम निकाल रखा है या भूख ने। आशीष जानता था कि थकान और भूख ही बार-बार उसकी साइकिल को पीछे खींच रही हैं। लेकिन फिर भी वह यह भूल जाता और पीछे मुड़कर चिल्ला पड़ता : कौन है बे? लेकिन इस वक़्त

कहीं रुकना भी ठीक नहीं था। चन्दौसी और बिसौली के बीच के इस स्टेट हाइवे पर वैसे भी ट्रैफ़िक बहुत कम रहता था और लॉकडाउन की वजह से तो आधे घंटे में बमुश्किल एक बार कोई ट्रक गुज़र रहा था। चारों तरफ़ सन्नाटा था बस, इन सात मज़दूरों की साइकिल की अजीबोग़रीब आवाज़ें ही सुनाई दे रही थीं। आशीष सबके बीच में चल रहा था। सबसे आगे रितेश, रामबाबू, कृष्णा और आशीष के पीछे सोनू, संदीप और मुकेश। सोनू को उसने अपने पीछे इसलिए भी रखा था कि सोनू की साइकिल बार-बार ख़राब हो रही थी और आशीष चाहता था कि जैसे ही साइकिल ख़राब हो, उसे पता चल जाए। पर इस वक़्त तो वह एक ही प्रार्थना कर रहा था कि यह बियाबान जंगल बिना किसी संकट के पार हो जाए। अभी दो घंटे पहले एक ट्रक वाले ने उन्हें बताया था कि 15-20 किलोमीटर आगे दो-तीन ढाबे हैं, शायद वे खुले हों। आशीष और बाक़ी मज़दूरों की उम्मीद अब उन्हीं ढाबों पर टिकी थी। लेकिन दो घंटे से ज़्यादा समय गुज़र जाने के बाद भी उन्हें कहीं दूर-दूर तक ढाबों का नामोनिशान नज़र नहीं आ रहा था। वे निराश होने लगे थे। निराशा की वजह भी थी। दूरी का हिसाब ये सारे मज़दूर घंटों के हिसाब से लगाते थे और तीन दिन में यह समझ चुके थे कि एक घंटे में ये लोग 10-12 किलोमीटर की दूरी नाप लेते हैं। इस हिसाब से ढाबा अब तक आ जाना चाहिए था। सबने ख़्वाब बुनने भी शुरू कर दिए थे कि दो घंटे बाद ढाबा मिलेगा तो कुछ ढंग का खाने को मिल जाएगा और उसके बाद वहीं कुछ घंटों के लिए हाथ-पैर भी सीधा कर लेंगे। कितना सुन्दर सपना था यह और इसी के सहारे दो घंटे गुज़र गए लेकिन यह ढाबा क्यों नहीं आ रहा है? कहीं ट्रक वाले ने झूठ तो नहीं बोला था या उससे सुनने में ही ग़लती हो गई? आशीष ने पैडल पर थोड़ा ज़ोर देकर अपनी साइकिल रामबाबू तक पहुँचा दी और उससे पूछ ही लिया।

"मेरे विचार से 20-25 मिनट और" पसीने से लथपथ रामबाबू ने बताया।

"लेकिन दो घंटे हो गए हैं?"

"हाँ, हो तो गए हैं लेकिन हमारी स्पीड भी तो खत्म हो गई है...मुझे नहीं लगता कि अभी हम लोग एक घंटे में 7-8 किलोमीटर से ज्यादा चल पा रहे हैं।"

आशीष को रामबाबू की बात में दम नज़र आया। तो कोई बात नहीं

20-25 मिनट की बात ही तो है–आशीष ने ख़ुद को समझाया और एक बार फिर कृष्णा के पीछे और सोनू के आगे पहुँच गया। जो बात रामबाबू ने उसे समझाई, वही बात उसने कृष्णा और सोनू को भी समझा दी। सोनू ने अपने पीछे चल रहे मुकेश और संदीप को। फिर सभी चुपचाप साइकिल खींचते रहे।

क़रीब आधे घंटे बाद आशीष ने मुकेश से पूछा कि 20-25 मिनट तो हो गए होंगे? मुकेश को कुछ अन्दाज़ा नहीं था। उसका ध्यान लगातार पैडल से फिसलते अपने पैरों पर था।

"पता नहीं यार...लेकिन अब मेरे पैर जवाब दे रहे हैं...ढाबा आए या न आए...।" इतना कहकर मुकेश ने साइकिल रोक दी और साइकिल से उतरकर सड़क किनारे लेट गया।

संदीप और सोनू भी रुक गए। आशीष परेशान हो गया। उसने आगे चल रहे रितेश और रामबाबू को पुकारा।

कुछ ही देर में सभी लोग मुकेश को घेरे खड़े थे।

"अरे, बस एक-दो मिनट की बात और है मुकेश।" रामबाबू ने समझाने की कोशिश की।

"और चूतिया न बनाओ भैया।" पस्त पड़ा मुकेश तो चुप रहा लेकिन कृष्णा से रहा नहीं गया।

"चूतिया तुमको बनाएँगे तो हम नहीं बनेंगे का? बोल?"

"रामबाबू सही बोल रहे हैं कृष्णा। चलो उठो मुकेश...एक-दो किलोमीटर और खींचते हैं।" आशीष ने बीच-बचाव किया।

"ना! मेरी हिम्मत नहीं है...तुम लोग जाओ...मैं यहीं पड़ा रहूँगा।" मुकेश सड़क पर और पसर गया।

"ऐसे मत कर यार...यह जंगली इलाका है...हम यहाँ नहीं रुक सकते। बस एक-दो किलोमीटर की बात और है, उठ।"

रितेश ने भी मुकेश को समझाने की कोशिश की। मुकेश ने कोई जवाब नहीं दिया। सब समझ गए कि मुकेश उठ जाएगा। मुकेश की दिक़्क़त यह थी कि उसकी उम्र तो 29 साल की थी लेकिन उसका शरीर ऐसा था कि तेज़ हवा के झोंके में उड़ जाए। बाक़ी मज़दूरों को इस बात का एहसास था कि

मुकेश जल्दी थक जाता है। लेकिन सबके कहने पर मुकेश उठ गया। वह कैसे भूल सकता था कि लोनी से निकलने से पहले उसने वीडियो कॉल कर अपनी दोनों बेटियों, आठ साल की चाँदनी और तीन साल की मनिका से बात की थी। मुकेश ख़ुद तो पढ़ नहीं पाया था लेकिन उसका सपना था कि वह बेटियों को ख़ूब पढ़ाए। यही वजह थी कि उसने गाँव का अपना कच्चा मकान पक्का करने के बजाय, बहन की शादी और चाँदनी की पढ़ाई के लिए पैसा लगाना बेहतर समझा था। चाँदनी दूसरी क्लास में जा चुकी थी। पढ़ाई की अहमियत को मुकेश अपने पूरे ग्रुप में सबसे ज़्यादा समझता था।

"हम तो बोलते हैं, सर कि आप गरीब को कुछ मत दीजिए, न रोटी दीजिए। न कपड़ा दीजिए, न मकान दीजिए। सरकार गरीब को बस शिक्षा दे दे। शिक्षा मिल गई तो रोटी, कपड़ा, मकान तो वो छीनकर ले लेगा।"

मैं हैरान था कि पाँचवीं तक पढ़ा एक दिहाड़ी मज़दूर क्या ग़ज़ब की सोच रखता है। लेकिन अभी तो सबसे पहले किसी तरह गाँव पहुँचना था और गाँव पहुँचने के लिए भूख और थकान के बावजूद साइकिल चलानी ज़रूरी थी।

मुश्किल से चार-पाँच मिनट ही गुज़रे होंगे कि आशीष को अपनी बाईं तरफ़ कुछ रौशनी नज़र आने लगी। रौशनी के साथ उम्मीद भी जगने लगी। यह ढाबा ही होगा। वहाँ खाना होगा। जमकर खाएँगे। और खाने के बाद कम-से-कम तीन-चार घंटे जमकर सोएँगे। यही ख़्वाब बुनते-बुनते वे सब उस रौशनी तक पहुँच गए। ढाबा ही था। वहाँ एक-दो ट्रक वाले खाना खा रहे थे। मतलब खाना मिल जाएगा। बाहर खाट लगी हुई थीं। मतलब सोने का भी इन्तज़ाम हो गया है।

"हाँ भई! बोलो क्या बात है?"

सात साइकिलें एक साथ खड़ी होते देखकर ढाबे से अधेड़ उम्र का एक हट्टा-कट्टा आदमी बाहर निकल आया था। जिस अन्दाज़ में उसने पूछा, उससे जाहिर था कि वह ढाबे का मालिक है।

ढाबे के बोर्ड पर लिखा था : राजू यादव का ढाबा, यह देखकर आशीष ने अनुमान लगाया कि यही शख़्स राजू यादव होगा।

"राजू सर जी...हम लोग गाजियाबाद से सहरसा जा रहे हैं...बिहार... क़रीब 1200 किलोमीटर...सब सुबह से भूखे हैं...कुछ खाने को मिल जाए तो बड़ी मेहरबानी होगी..." आशीष ने अपने ग्रेजुएट होने का फ़ायदा उठाकर बेहद विनम्रतापूर्वक निवेदन किया।

ढाबे वाला चुप रहा। सारे मज़दूरों को लगातार स्कैन कर रहा था।

"राजू भाई जी!" आशीष ने फिर धीरे से कहा।

"तुम लोग ग़ाज़ियाबाद से आ रहे हो कि दिल्ली से? सुना है दिल्ली में बहुत केस हैं कोरोना के?" ढाबे वाले ने दो सवाल एक साथ किए।

"जी, हम तो गाजियाबाद से आ रहे हैं।"

"दिल्ली हो या ग़ाज़ियाबाद–बात तो एक ही है।"

आशीष चुप रहा। तभी उसने देखा ढाबे वाला बाईं तरफ़ हैंडपंप की ओर बोतल लेकर जा रहे संदीप को देखने लगा।

"भैया! वहाँ नहीं...हैंडपंप को हाथ नहीं लगाना...पानी पीना है न तुम्हें?"

"जी।"

"रे पिंटू...इसकी बोतल भर दे...हाँ, बोलो...क्या बोल रहे थे तुम?"

ढाबे वाला एक बार फिर आशीष की तरफ़ पलटा।

"जी वही कि कुछ खाने को मिल जाता तो...हम सब सुबह से..."

"रे पिंटू...खाना बचा है क्या?

"बचा है पर ख़त्म होने वाला है।"

"7 आदमी 700 रुपए...हर आदमी का सौ रुपया...और हर आदमी को दो रोटी और दाल मिलेगी। खाना प्लेट में भी नहीं मिलेगा...रोटी अख़बार में डाल लेना और दाल किसी पॉलिथिन में...बोलो..." ढाबे वाले ने अपनी शर्त रख दी।

"700 रुपए ज्यादा है भाईसाहब...400 में कर दीजिए..." आशीष ने अपनी विनम्रता और बढ़ा दी।

"और भाई साहब...एक-दो घंटे के लिए यहाँ आराम करने को मिल जाता तो बड़ा उपकार होता...।" यह रामबाबू था, जिसे चिन्ता थी कि खाने के बाद सोने कहाँ जाएँगे।

"तुम लोगों को उँगली पकड़ाई तो तुम लोग सिर पर ही चढ़ने लगे...

जाओ भैया...यहाँ कुछ नहीं है...अगला ढाबा देखो..." ढाबे वाला तेवर दिखाने लगा।

आशीष को समझ नहीं आ रहा था कि यह ग़ुस्सा खाने के बदले 700 की जगह 400 रुपए के ऑफ़र का था, या रामबाबू ने जो सोने की जगह माँग ली, उसका था?

"भाईसाहब हम ये कह रहे थे कि..."

"अरे हमें कुछ नहीं सुनना भई! पुलिस ने वैसे ही हमें मना कर रखा है... हमने तो इनसानियत के मारे हाँ बोल दिया था लेकिन हमें अपना ढाबा बन्द नहीं कराना है। तुम लोग आगे देखो कहीं।"

और ढाबे वाला तेज़ी से अन्दर चला गया। मज़दूरों के पास अब और कोई रास्ता नहीं बचा था सिवाय इसके कि वे आगे बढ़ें। साइकिल पर चढ़े बिना पैदल-पैदल और निराश जब वे ढाबे से थोड़ा आगे बढ़ गए तो रितेश ने सबको रुकने का इशारा किया।

"हमें ये तय करना होगा कि हमारे लिए ज्यादा जरूरी क्या है? रोटी या नींद। क्योंकि एक बात समझ लो, दोनों चीजें एक साथ कहीं नहीं मिलेंगी... वैसे ही सब कुछ बन्द पड़ा है।"

"तो ठीक है, हम सोने की जगह की ही बात करते हैं। खाने को तो चूड़ा-मूढ़ी रखा हुआ है।" रामबाबू ने अपनी राय ज़ाहिर की।

"चूड़ा-मूढ़ी से पेट भरता है क्या जी? भूखे रहेंगे तो कल सब साइकिल कैसे चलाएँगे?" आशीष का सवाल सही था।

"साइकिल तो कल तब चलाएँगे न जब साइकिल बचेगी?" रामबाबू की यह उलटबाँसी किसी को समझ में नहीं आई। रामबाबू को भी लगा कि उन्हें अपनी बात समझानी होगी।

"देखो, हमारे लिए सबसे जरूरी है हमारी ई साइकिल और इसकी सुरक्षा। साइकिल ही नहीं रहेगी तो हम आगे का सफर कैसे करेंगे? इसलिए हमें आराम के लिए ऐसी जगह देखनी होगी जहाँ से हमारी साइकिल चोरी न हो...सोच के देखो...एक भी आदमी का साइकिल चोरी हो गया तो सब लटक जाएँगे... लटक जाएँगे न या उसे छोड़कर चले जाएँगे?"

यह बिलकुल सही बात थी।

"तो हो गया फैसला...अगला जो भी ढाबा आएगा...हम रुकने की ही बात करेंगे...ठीक है?" रितेश ने सबसे अन्तिम राय पूछी। किसी ने कोई जवाब नहीं दिया। साफ़ था कि किसी के पास और कोई विकल्प था ही नहीं।

लॉकडाउन में एकाध ढाबे खुलने की भी एक अलग कहानी थी। स्थानीय स्तर पर ज़िला प्रशासन ने 25-30 किलोमीटर के फ़ासले पर सिर्फ़ एक या दो ढाबे खोलने की इजाज़त दे रखी थी। ये ढाबे आवश्यक सेवाओं का सामान लेकर जा रहे टैम्पो, ट्रक के ड्राइवरों और पुलिस-प्रशासन और अस्पताल के लोगों के लिए खोले गए थे। ऐसे में ढाबे वाले मौक़ा देखकर पलायन कर रहे मज़दूरों से भी थोड़ा ज़्यादा पैसा ऐंठकर उन्हें खाना खिला देते थे। पहले ढाबे पर बात बिगड़ चुकी थी। मज़दूरों को अब आगे मिलने वाले किसी ढाबे से उम्मीद थी। 15 मिनट साइकिल और चलाने के बाद आख़िरकार दूसरा ढाबा आ ही गया। बिसौली से क़रीब दो किलोमीटर पहले यह बंटू पाठक का ढाबा था। जैसा कि तय हुआ था यहाँ रात को रुकने की ही बात करनी थी। आशीष ने ही सारी बातचीत की। बंटू पाठक उन्हें ढाबे के पीछे वाले हिस्से में ठहराने को इस शर्त के साथ तैयार हो गया कि सुबह जाने से पहले वे लोग उस पूरी जगह की ढंग से धुलाई कर देंगे। आशीष ने किराए के बारे में भी पूछा लेकिन उसने यह कहकर पैसे लेने से मना कर दिया कि पीछे की जगह हमेशा ख़ाली पड़ी रहती है। आज तक उस जगह से एक पैसा नहीं कमाया तो आज इस महामारी में कमाकर पाप क्यों करना? ढाबे वाले का बड़ा दिल देखकर एक बार आशीष का मन हुआ कि वह खाना के बारे में भी पूछ ले क्योंकि उसने देख लिया था कि रात के बारह बजने के बावजूद वहाँ खाना बन रहा था और दो-तीन लोग खा भी रहे थे। आशीष ने रितेश से इशारे में पूछा भी, लेकिन रितेश ने साफ़ मना कर दिया। वह रात की जगह छिन जाने का ख़तरा मोल नहीं लेना चाहता था।

रात के एक बजे।

सबने चूड़ा-मूढ़ी खा लिया और सब लेट गए। आशीष ने देखा कि कुछ दूरी पर संदीप किसी को वीडियो कॉल कर रहा है। वह समझ गया कि इतनी रात को पत्नी के अलावा और कोई नहीं होगी।

वैसे भी संदीप की कहानी किसी से छिपी नहीं थी। संदीप की शादी को पाँच साल से ज़्यादा हो चुके थे लेकिन अभी तक उसका परिवार बढ़ नहीं पाया था। उसके छोटे भाई के दो-दो बच्चे हो चुके थे। सहरसा के आसपास का कोई डॉक्टर, हकीम, वैद्य ऐसा नहीं था, जिसके पास वह और उसकी पत्नी न गए हों। पूजा-पाठ से लेकर झाड़-फूँक तक करा चुके थे। कोई बताता कि संदीप में कमी है तो कोई उसकी पत्नी रजनी में कमी बताता। संदीप ने तय किया था कि पैसा जमा करके वह रजनी को दिल्ली लाएगा और इलाज कराएगा लेकिन तभी लॉकडाउन हो गया और अब तो प्राथमिकता ही बदली हुई थी।

"अरे संदीप...आ जा...सो जा यार।"

आशीष ने आवाज़ देकर संदीप को बुला लिया। संदीप ने भी तुरन्त फ़ोन काट दिया और पास आकर लेट गया।

वैसे भी आराम के लिए सबके पास सिर्फ़ चार घंटे थे लेकिन नींद किसी को नहीं आ रही थी। आशीष यह सब समझ रहा था क्योंकि उसका ख़ुद का हाल बहुत ख़राब था। तरह-तरह की आशंकाएँ मन में उमड़ रही थीं। पता नहीं, यात्रा में क्या होने वाला था। कहीं हम सात में से कोई एक कम न हो जाए? भगवान न करे पर ऐसा हुआ तो आगे की यात्रा कैसे होगी? जैसे-जैसे आगे बढ़ रहे थे, सबको कमज़ोरी घेर रही थी। न ठीक से खाना-पीना, न सोना...। आशीष ख़यालों में खोया था कि तभी उसे कुछ दूर से दो-तीन कुत्तों के लड़ने की आवाज़ सुनाई दी। पता नहीं क्यों कुत्तों की उस आवाज़ में उसे एक उम्मीद दिख गई। पेशाब का बहाना बनाकर वह उठा और धीरे-धीरे उस आवाज़ की तरफ़ बढ़ा। खड़ा होते ही उसकी आँखों के आगे अँधेरा छाने लगा। किसी तरह ख़ुद को सँभालकर वह उस जगह पहुँच ही गया जहाँ कुत्ते थे। वे एक बड़े ड्रम के आसपास गिरे खाने पर क़ब्ज़ा जमाने के लिए लड़ रहे थे। आशीष को उस ड्रम से आस जागी। उसे देखते ही कुत्तों का शोर बढ़

गया। वे लगातार भौंक रहे थे लेकिन आशीष को आता देख पीछे भी हट रहे थे। ड्रम के पास पहुँचकर जब आशीष ने उसके अन्दर झाँका तो उसे लगा ईश्वर ने उसे मन माँगी मुराद दे दी है। वह सोचने लगा कि काश! उसने ईश्वर से कुछ और माँग लिया होता। उसने देखा कि ड्रम के अन्दर कम-से-कम दस-बारह बासी और जली हुई रोटियाँ पड़ी हैं, एक तरफ़ दाल और सब्ज़ी बिखरी है और एक प्लास्टिक की पन्नी में चावल भी रखे हैं। बिना कुछ सोचे उसने ड्रम के अन्दर हाथ डाल दिया और जो भी हाथ में आ रहा था, उसे समेटने लगा। तभी उसे एक आवाज़ सुनाई पड़ी।

"कौन? यहाँ क्या कर रहे हो?"

यह सुनते ही आशीष की मानों जान निकल गई। उसने डरते-डरते पलटकर देखा। उसके ठीक पीछे दस मीटर की दूरी पर बंटू पाठक खड़ा था ढाबे का मालिक। उसका रौबदार चेहरा अँधेरे में और डरावना लग रहा था।

"यहाँ क्या कर रहे हो तुम?" बंटू ने फिर पूछा।

आशीष के पास कोई जवाब नहीं था। घबराहट में उसके पैर काँपने लगे। उसने सोचा उसकी वजह से अब सबको इस ढाबे से निकाल दिया जाएगा। उसको लगा कि उसकी साँसें किसी भी वक़्त उखड़ सकती हैं। वह भयातुर आँखों से बंटू को देखता रहा। बंटू तब तक ड्रम के एकदम पास आ चुका था और माजरा उसको समझ में आ गया था।

"भूख लग रही थी तो बताया क्यों नहीं? मैंने तो पूछा था न तुम लोगों से?"

बंटू ने यह कहते हुए जैसे ही आशीष के कंधे पर हाथ रखा उसे लगा एक साथ हज़ारों किलो बोझ उसके सिर से उतर गया।

"चलो बुलाओ सबको...मैं खाना लगवाता हूँ।"

इतना कहकर बंटू चला गया। आशीष की नज़रें नीची ही रहीं। वह इस क़दर शर्मिंदा था कि धन्यवाद कहने के लिए भी नज़रें उठा नहीं सका। इसके बाद आशीष ने खाने के लिए सबको उठाया। उस रात उनके दो ही ईश्वर थे : अशरफ़ और बंटू पाठक। दोनों को याद करते-करते कब सारे मज़दूरों की आँख लग गई, पता ही नहीं चला। उस रात हमने भी ढाबे के पास ही कार पार्क करके चार घंटे सोने का फ़ैसला किया। सहरसा अभी 1000 किलोमीटर से अधिक दूर था।

5

सब दिन होत न एक समान

तीसरा दिन : 29 अप्रैल, 2020

सहरसा
1011 किलोमीटर

रात दो बजे सोए मज़दूरों को सुबह साढ़े पाँच बजे बंटू पाठक के स्टाफ़ ने उठा दिया। उसने बताया कि सुबह के वक़्त पुलिस के लोग चाय पीने आते हैं। अगर उन्होंने मज़दूरों को देख लिया तो दोनों को दिक़्क़त हो सकती है। समय गँवाए बिना सबने जल्दी-जल्दी अपना बिस्तर समेटा। बिस्तर भी क्या था, बस एक चादर ज़मीन पर बिछाई गई थी। झटपट हाथ-मुँह धोया। जिसे दिशा-मैदान की तलब महसूस हुई, वह बिना समय गँवाए निवृत्त हो आया। जिसे अभी दबाव महसूस नहीं हो रहा था, उसे सलाह दी गई कि आगे रास्ते में निबट लेगा। क्या विडंबना थी! एक ग़रीब, एक मज़दूर तसल्ली से शौच भी नहीं कर सकता था।

मज़दूरों की यात्रा का यह तीसरा दिन था। सूर्योदय हो चुका था। चलती कार से जब हम मज़दूरों को शूट कर रहे थे तो ऐसा लग रहा था कि सूरज भी मज़दूरों के साथ सफ़र पर निकल पड़ा है। आशीष ने कहा भी था कि जैसे-जैसे सूर्य भगवान अपनी गति बदलेंगे, हम भी बदलते जाएँगे। सड़क भी बेहतर हो गई थी। यह राष्ट्रीय राजमार्ग तो नहीं था, राजकीय राजमार्ग था लेकिन बहुत अच्छा था। साफ़ दिख रहा था कि उत्तर प्रदेश सरकार ने सड़कों पर काफ़ी ध्यान दिया है। रितेश और रामबाबू रात तक हरदोई पहुँच जाना चाहते थे जो बिसौली से क़रीब 190 किलोमीटर था। बेशक मुश्किल लक्ष्य था पर असम्भव नहीं था। मैंने और मानव ने तय किया कि अब हमें डॉक्यूमेंट्री फ़िल्ममेकर के अलावा इनके लिए एक कोच या मेन्टयोर की भूमिका में भी आना होगा। इनकी

यात्रा को क्रिकेट के टेस्ट मैच की तरह लेते हुए सब कुछ बेहद साइंटिफिक तरीक़े से सोचना होगा, तभी ये लोग सुरक्षित और स्वस्थ अपने घर पहुँच पाएँगे। साइंटिफिक तरीक़े से हमारा आशय था कि सही भोजन, उचित समय पर भोजन और आराम। लेकिन सही और उचित समय पर भोजन मिलना ही सबसे कठिन काम था। इसका भी समाधान हमने ढूँढ़ लिया। सड़क पर ठेले दिख रहे थे। एकाध परचून की दुकान भी थी।

हमने कार में कुछ फल और जूस रख लिये। तीसरे दिन सुबह सात बजे के आसपास सभी को कुछ केले, सेब खिला दिए और जूस पिला दिया। हम निश्चिन्त थे कि अब अगले दो-तीन घंटे तक चिन्ता की कोई बात नहीं है और यही हुआ। सुबह का सुहाना मौसम और शरीर में ऊर्जा का असर यह हुआ कि सुबह दस बजे तक मज़दूरों ने 70 किलोमीटर की दूरी तय कर ली। सोनू की साइकिल की चेन में दिक़्क़त नहीं होती तो यह सफ़र चलता रहता। हमने अनुमान लगाया कि अगर यही रफ़्तार रही और कोई ज़्यादा परेशानी नहीं आई तो आज ये लोग 200 किलोमीटर की दूरी भी नाप सकते हैं। फ़िलहाल तो सोनू की साइकिल की गम्भीर होती समस्या पर ध्यान देना ज़रूरी था। उसकी चेन बहुत सख़्त हो गई थी, जिसकी वजह से साइकिल भारी चल रही थी। बदायूँ के दातागंज क़स्बे में पहुँचकर हमारी यह चिन्ता दूर हो गई। वह भी चमत्कार की तरह।

एक बुज़ुर्ग से साइकिल मिस्त्री मोहम्मद इरशाद अपनी दुकान में सिर्फ़ सफ़ाई करने आए थे। लॉकडाउन के बावजूद वे रोज़ अपनी दुकान की सफ़ाई करने आते थे। सफ़ाई करने के बाद जब वे अपना शटर गिरा ही रहे थे तभी सातों मज़दूर साइकिलों के साथ उनके सामने खड़े थे।

"हाँ भैया, बोलो!" इरशाद ने शटर पर ताला लगाते हुए पूछा।

"अब क्या बोलें? आप तो शटर गिरा दिए।" रितेश ने बड़ी मासूमियत से कहा।

इरशाद भी हाज़िरजवाब थे।

"ऐसी क्या बात है? लो शटर उठा देते हैं। तुम सब लोग बिहार जा रहे हो और साइकिल दिक़्क़त कर रही है। यही तकलीफ़ है न तुम लोगों की?"

सारे मज़दूर सोच में पड़ गए कि उन्हें बिहार जाने के बारे में कैसे पता। रितेश ने पूछ ही लिया।

"ये बिहार वाला बात तो हम आपको बताए, नहीं चचा?"

"यहाँ से सारा का सारा साइकिल वाला बिहार ही जा रहा है। तीन हफ़्ते से यही तो देख रहे हैं हम।"

इसके बाद इरशाद ने सोनू की साइकिल की चेन को दुरुस्त किया। गारंटी भी ली कि अगले सौ किलोमीटर तक कोई दिक़्क़त नहीं करेगी और जब सोनू पैसे देने लगा तो इरशाद ने हाथ जोड़ लिये।

"अब तुम लोगों से पैसे कमाकर बच्चे पालूँगा क्या?"

इरशाद जब साइकिल ठीक कर रहे थे तभी मानव आसपास जायज़ा लेने निकल गया था। यह देखने कि कहीं कुछ खाने को मिलेगा क्या? सारे मज़दूर तीन घंटे तक साइकिल चलाने के बाद यहाँ पहुँचे थे। भूख लग चुकी थी। मानव ने देखा मिठाई की एक दुकान खुली है। नंदलाल की दुकान। लेकिन दुकान में एक भी मिठाई नहीं थी। वहाँ सिर्फ चाय बनाई जा रही थी। बात-बात में मानव ने जब पूछा कि क्या आसपास कुछ खाने को मिलेगा? तो नंदलाल को भी जिज्ञासा हुई।

"खाने के लिए क्या चाहिए आपको?"

"अरे कुछ भी हल्का-फुल्का...इन मज़दूरों के लिए...ये सब बिहार जा रहे हैं।"

"बिहार? बिहार में कहाँ?" नंदलाल चौंक गया था।

"बिहार में सहरसा...यहाँ से क़रीब 950 किलोमीटर दूर है।"

कुछ पल नंदलाल ने सोचा और फिर बोला—

"आप लोग अगर बीस मिनट रुकें तो मैं इनके लिए कुछ समोसे तल दूँगा...मेरे पास कुछ मसाला रखा हैगा।"

नंदलाल उसी वक़्त दुकान के अन्दर गया और एक परात में रखा आलू का मसाला उठा लाया। समोसे बनाने की तैयारी शुरू हो गई। मानव ने दिमाग़

लगाया। वह परचून की दुकान से दो पैकेट ब्रेड ख़रीद लाया। योजना बन गई कि दो ब्रेड के बीच में एक समोसा लगाकर सुबह का नाश्ता किया जाएगा। बाक़ी लोगों का तो पता नहीं, लेकिन कड़ाही के गर्म तेल में जब समोसे तैरने लगे तो उसकी ख़ुशबू मुझे मदहोश करने लगी। उस वक़्त ऐसा लग रहा था कि ईश्वर ने दुनिया में समोसे से अच्छी कोई चीज़ आज तक बनाई ही नहीं है।

चाय-समोसा ब्रेक के दौरान मुझे महसूस हुआ कि सारे मज़दूर अब हमारे साथ खुलने लगे हैं। हमेशा चुप रहने वाला कृष्णा तो मेरे लिए एक अतिरिक्त समोसा ले आया और ज़िद करने लगा कि मुझे खाना ही पड़ेगा। रितेश ने अपनी पूरी कहानी इसी दौरान खोली। उसने बताया कि अभी दो साल पहले ही उसकी शादी हुई है। शादी के एक महीने बाद ही वह पैसे कमाने के लिए दिल्ली आ गया। उसकी योजना यह थी कि साल-डेढ़ साल में वह जब एक लाख रुपए बचा लेगा तो घर में अपने और अपनी पत्नी समतुल देवी के लिए एक कमरा बनवाएगा और जब कमरा बन जाएगा, तब वह अपना परिवार बढ़ाने के बारे में सोचेगा। कमरा तक़रीबन बनकर तैयार था। लेकिन पैसे सारे ख़त्म हो चुके थे और अब अगले छह महीने कहीं से कोई कमाई की उम्मीद नहीं बची थी। रितेश को यह चिन्ता सता रही थी कि वह घर जाकर क्या करेगा? फिर भी जब मैंने पूछा तो उसने कहा, "क्या करूँगा, सर? समतुल को बहुत प्यार करूँगा। अब तो हमारा कमरा भी है। बस इतना ख़याल रखूँगा कि अभी बच्चा न हो।" बोलते-बोलते रितेश शरमा गया।

आशीष के मासूम सवाल अलग ही दुनिया के थे—

"ये सब जो आप हमारे लिए कर रहे हैं, सर...इससे आपको क्या मिलेगा?"

"बहुत सारा पैसा।" मैंने सहजता से कह दिया।

"नहीं, हँसिए मत...बताइए न, सर।"

तब मैंने आशीष को डॉक्यूमेंट्री फ़िल्म की पूरी अवधारणा के बारे में तफ़सील से समझाया और बताया कि क्यों उनकी इस 1232 किलोमीटर की यात्रा के

बारे में देश ही नहीं, पूरी दुनिया को पता होना चाहिए। पता नहीं उसे मेरी बात कितनी समझ आई लेकिन उसने आख़िर में फिर एक सवाल पूछ ही डाला—

"ये जो आप हमारा वीडियो बना रहे हैं, इससे हमारी दशा में सुधार होगा क्या?"

इसका जवाब न तो मेरे पास तब था, न अभी है। हाँ, एक फ़िल्मकार और कहानीकार के तौर पर हमने तभी यह फ़ैसला कर लिया था कि फ़िल्म या किताब से हमें जो भी कमाई होगी, वह हम इन सात मज़दूरों के साथ साझा करेंगे।

नंदलाल के समोसों ने दो घंटे अच्छा असर दिखाया। लेकिन दोपहर आते-आते मज़दूरों की रफ़्तार काफ़ी कम हो गई।

अप्रैल की दुपहरी में तापमान 41 डिग्री सेल्सियस तक पहुँचने लगा था और सामान के साथ साइकिल खींचने वालों की रफ़्तार कम करने के लिए इतना तापमान काफ़ी था।

शुरुआती चार घंटों में 70 किलोमीटर की दूरी नाप लेने वाली मज़दूरों की यह टोली दोपहर के चार घंटों में 40 किलोमीटर की दूरी भी तय नहीं कर पाई। इसकी तीन वजहें थीं–धूप, भूख और थकान। हरदोई अभी भी कम-से-कम 90 किलोमीटर दूर था और सहरसा 912 किलोमीटर। दोपहर के दो बज चुके थे। सड़क पर दूर-दूर तक कुछ नहीं था। न कोई गाड़ी, न कोई ढाबा और न ही कोई आदमी। हाँ, एक निश्चिन्त फ़ासले पर पुलिस की पोस्ट ज़रूर दिखती थीं। ऐसी ही एक पोस्ट पर सातों को रोक लिया गया। पुलिस के जवानों ने फ़रमान सुना दिया कि आगे नहीं जाने देंगे। इसी शाहजहाँपुर ज़िले में तुम लोगों को चौदह दिन के लिए क्वारंटीन किया जाएगा। मज़दूर तो निराश ही थे। हमें भी लगा कि सहरसा की यात्रा शाहजहाँपुर ज़िले में ही ख़त्म हो जाएगी। हम लोग कार रोककर दूर से यह सब देख रहे थे।

पुलिस वाले पहले तो यह तय नहीं कर पाए कि इन मज़दूरों के साथ

ज़िला मुख्यालय कौन जाएगा। जब तमाम बहस के बाद यह तय हुआ कि होमगार्ड कमलेश जाएगा तब भी यह तय नहीं हो पा रहा था कि वह जाएगा कैसे? उसने रामबाबू से कहा भी कि वह उसे किसी साइकिल पर बिठवा दे लेकिन सबकी साइकिल के पीछे कैरियर पर तो बोरियाँ लदी थीं। तो कमलेश कैसे जाएगा? एक हेड कॉन्स्टेबल ने सुझाव दिया कि वह साइकिल के आगे के डंडे पर बैठकर चला जाए। कमलेश ने साफ़ मना कर दिया और कहा कि कोरोना के काल में तो वह ऐसे बिलकुल नहीं जाएगा। चाहो तो नौकरी से निकलवा दो।

सवाल फिर वही उठ खड़ा हुआ–कमलेश कैसे जाएगा? बहुत देर तक आपस में मंत्रणा के बाद पुलिस वालों ने समाधान निकाल ही लिया। समाधान बड़ा कमाल का था। उन्होंने रामबाबू और रितेश को बुलाया और बताया कि चूँकि कमलेश उनके साथ जा नहीं पा रहा है, इसलिए वह सारे मज़दूरों को छोड़ रहे हैं लेकिन यह बात गोपनीय रखेंगे। किसी भी हालत में किसी को भी इस बात की जानकारी नहीं होनी चाहिए। बाद में जब रितेश ने पूरी घटना बताई तो हम सब बहुत हँसे और बहुत देर तक हँसे।

पुलिस वालों से ही मज़दूरों को पता चला कि चार किलोमीटर आगे बाएँ हाथ पर एक ढाबा खुला हुआ है। जब हम पहुँचे तो तीन-चार ट्रक खड़े थे। पूछा तो पता चला कि खाना तो मिल सकता है लेकिन ढाबे वाले की एक शर्त थी। शर्त यह कि कोरोना के डर की वजह से वो किसी को भी अन्दर न आने देगा, न बैठने देगा। खाना बाहर ट्रकों के पास ही दिया जाएगा। इसमें हमें सोचने की कोई ज़रूरत ही नहीं थी। कोरोना और लॉकडाउन में खाना मिल रहा है–यह क्या कोई कम बड़ी बात थी। हमने ढाबे वाले से एक ही निवेदन किया और वह भी बेहद विनम्रतापूर्वक कि वह बर्तन ज़रा ठीक से धुलवाकर खाना खिलाए। खाना खाने के बाद तय हुआ कि सभी कम-से-कम एक घंटा सोना चाहेंगे। आराम भी मिल जाएगा और तब तक धूप भी कम हो जाएगी। हमें यह महसूस हो रहा था कि दिन के पहले चरण में मिला सारा फ़ायदा,

मज़दूर, दिन के दूसरे चरण में खो रहे हैं। लेकिन आराम करना भी ज़रूरी था। ठीक से आराम करने के बाद शाम को 70-80 किलोमीटर की दूरी पूरी की जा सकती थी। यह सोचते हुए मैं भी ढाबे के बाहर एक कुर्सी खींचकर पेड़ के नीचे सो गया। जब आँख खुली तो सामने आशीष को खड़ा पाया। उसके हाथ में मोबाइल था, जिसमें एक गीत बज रहा था।

"सर आपको ये गाना सुनाना है।" आशीष ने धीरे से कहा।

ख़ुद को सँभालते हुए मैंने आशीष का मोबाइल हाथ में ले लिया। उसमें गीत बज रहा था :

लौटता था मैं जब पाठशाला से घर
अपने हाथों से खाना खिलाती थी माँ
रात में अपनी ममता के आँचल तले
थपकियाँ देकर मुझको सुलाती थी माँ

"ये गाना मुझे सबसे ज़्यादा पसन्द है, सर...जब भी माँ की याद आती है, इसको लगा लेता हूँ।"

मैंने देखा, आशीष की आँखें नम हो चुकी थीं। मन तो कर रहा था कि उसे गले लगा लूँ लेकिन कोरोना के ख़ौफ़ ने रोक दिया। एक कुर्सी खींचकर मैंने उसे अपने पास बिठा लिया। उसके होंठ काँप रहे थे।

"पता है, सर, मेरी माँ एकदम अँगूठा छाप है। अँगूठा लगाने भी ठीक से नहीं आता है उसको। पर वो चाहती थी कि मैं पढ़ूँ-लिखूँ तो वो क्या करती थी कि पैसे बचा-बचाकर मुझे पढ़ने स्कूल भेजती थी। इस वजह से उसका मेरे पिताजी से झगड़ा भी होता था।"

"झगड़ा क्यों होता था?"

"पिताजी बोलते थे कि पढ़ाई-लिखाई सिर्फ टाइम का बर्बादी है। इतनी देर कुछ काम करेगा तो पैसे कमा लेगा। आज लगता है कि पिताजी ठीक बोलते थे। बीए-फीए करने से कुछ भी हासिल नहीं हो पाया उलटे और नुकसान हो गया।"

"वह कैसे आशीष?"

"बीए नहीं किया रहता तो कम-से-कम आज एक अच्छा मजदूर तो

बन गया होता। पढ़ाई-लिखाई ढंग का मजदूर भी नहीं बनने दे रही है। मेरे साथ के कितने मजदूर अब राजमिस्त्री बन गए हैं। रितेश मुझसे छोटा है। वो टाइल लगाना जानता है। मेरे से ज्यादा कमाता है और मैं आज भी बेलदार ही हूँ। पढ़ाई के चक्कर में मैं तो कहीं का नहीं रहा न, सर!" इतना कहकर आशीष रोने लगा।

"ऐसा नहीं होता है आशीष। पढ़ाई कभी नुक़सान नहीं करती है। यह पढ़ाई का ही असर है कि आज तुम अच्छे इनसान हो और कितनी अच्छी बातें करते हो।" मेरी सांत्वना का आशीष पर कोई असर नहीं हुआ।

"माँ के लिए तो कुछ नहीं कर पाया न, सर...28 साल का हो गया हूँ, आज तक कोई ख़ुशी नहीं दे पाया उसे।"

आशीष से मैं बातचीत कर ही रहा था कि रामबाबू भी पास आकर बैठ गया।

"तुम कितना पढ़े-लिखे हो रामबाबू?" मेरा सवाल सुनते ही रामबाबू कुछ पल के लिए कहीं खो गया।

"हम दूसरा क्लास पढ़े हैं, सर।"

"बस दूसरी तक? ऐसा क्यों?"

"क्या करते, सर? घर में खाने वाले दस थे और कमाने वाले अकेले पिताजी थे, तो वो हमको दस साल की उम्र में चाचा के पास कलकत्ता भेज दिए।"

"कलकत्ता क्यों?"

"पैसा कमाने के लिए, सर...चाचा हमको एक चाय की दुकान में काम पर लगा दिए। महीने का पाँच सौ रुपया मिलता था और दो टाइम का खाना... बस, तब जो गाँव से निकले, तब से भटक ही रहे हैं...शहर-शहर...ऐसा ही जिन्दगी होता है हम लोगों का, सर!"

रामबाबू अतीत की यादों में खो गया था। मेरे पास पूछने और कहने को कुछ नहीं बचा था।

"अब तो इसका चार बच्चा है, सर।" आशीष ने बातचीत के क्रम को आगे बढ़ाया।

"चार बच्चे?" मुझे हैरानी हुई लेकिन मैंने अपने भाव को दबाकर सहजता से पूछा।

"हाँ, सर...दो लड़का, दो लड़की।" रामबाबू की आँखों में चमक आ गई थी।

"चार बच्चे पालना मुश्किल नहीं होता है क्या रामबाबू?"

"नहीं, सर...काम मिलता रहता है तो कोई दिक्कत नहीं होती है।"

"अरे फिर भी...चार बच्चों का कपड़ा-लत्ता, खाना-पीना...दवाई-बीमारी... चार बच्चे..." रामबाबू ने मुझे बीच में रोक दिया।

"मैं समझ गया, सर कि आप क्या पूछना चाह रहे हैं...हम लोगों के यहाँ सर बर-बेमारी, बाढ़ या गरीबी से एक-दो बच्चा तो मर ही जाता है...इसलिए हम लोग चार-पाँच बच्चा कर लेता है।"

मैं हैरान था। वाक़ई हैरान था कि बच्चों के मरने की बात कितनी सहजता से कह गया रामबाबू।

ढाबे से निकलकर एक घंटे का सफ़र तय किया ही था कि सोनू की साइकिल फिर परेशान करने लगी। वही चेन अटकने की समस्या। साइकिल के बार-बार ख़राब होने से वक़्त तो बर्बाद होता ही था, पूरी गति भी टूट जाती थी और हिम्मत भी।

आधे घंटे पैदल चलने के बाद जलालाबाद के पास एक साइकिल मिस्त्री मिला। शाम के छह बज चुके थे। हरदोई अब भी साठ किलोमीटर दूर था। सबने सर्वसम्मति से फ़ैसला किया कि अब अगर किसी की साइकिल में कोई दिक़्क़त नहीं आई तो अगले तीन घंटे रुकना नहीं है। इन तीन घंटों में कम-से-कम चालीस किलोमीटर की दूरी नापनी है और हर हाल में हरदोई पहुँचना है। चाहे रात के बारह बज जाएँ। संकल्प तो ले लिया गया लेकिन किसी को पता नहीं था कि जलालाबाद के बाद रास्ता काफ़ी ख़राब था। ऊबड़-खाबड़ रास्ते में सबसे ज़्यादा खतरा साइकिल के ख़राब होने या टायर फटने का था और जिस रास्ते से वे गुज़र रहे थे वहाँ दूर-दूर तक रौशनी का कोई ज़रिया नहीं था। घुप्प अँधेरा फैला था मज़दूरों की सुविधा के लिए हमने अपनी कार

उनके पीछे कर ली। कार की हेडलाइट से उनको रास्ता देखने में सुविधा होती।

रात के आठ बजने वाले थे। हमें अब चिन्ता यह हो रही थी कि रात का खाना कहाँ मिलेगा? जिस तरह के इलाक़े और सड़क से हम गुज़र रहे थे वहाँ खाना या ढाबा तो दूर, साइकिल ख़राब होने पर एक मिस्त्री तक नहीं मिलने वाला था। हमारा अनुमान बिलकुल ठीक निकला। रास्ते में एक गाँव वाले को रोककर हमने ढाबे और खाने के बारे में पूछा तो उसने बताया कि शाहबाद से पहले कुछ नहीं मिलेगा। गूगल में शाहबाद सर्च किया तो पाया कि 12 किलोमीटर दूर था और हरदोई उससे भी 28 किलोमीटर आगे। ख़राब रास्ते को देखते हुए हमने हिसाब लगाया कि साढ़े नौ बजे तक शाहबाद और उसके बाद रास्ता ठीक रहा तो रात के बारह बजे तक हरदोई पहुँच जाएँगे। लेकिन हमारा अनुमान ग़लत निकला। साढ़े नौ के बजाय रात दस बजे शाहबाद पहुँचे। शाहबाद हरदोई ज़िले का एक क़स्बा था। ठीक-ठाक बसा बड़ा-सा क़स्बा। उम्मीद जगी कि यहाँ खाने को कुछ-न-कुछ ज़रूर मिल जाएगा। लेकिन जैसे-जैसे हम शाहबाद के अन्दर बढ़े, उम्मीद टूटने लगी।

शाहबाद पूरी तरह बन्द था। न कोई दुकान, न कोई ढाबा। न कोई ठेला। सड़क पर सिर्फ़ कुत्ते टहल रहे थे। अब क्या किया जाए? खाना कहाँ मिलेगा? कुछ नहीं सूझा तो मैंने बरेली में अपने तीस साल पुराने दोस्त नरेन्द्र सिंह को फ़ोन लगाया। नरेन्द्र का कारोबार और सम्पर्क उत्तर प्रदेश के कई ज़िलों में था। हरदोई में तो होने की सम्भावना थी क्योंकि हरदोई बरेली के आसपास ही था। नरेन्द्र ने बताया कि हरदोई में उनके एक परिचित पारुल भैया हैं। स्थानीय नेता भी हैं। शायद वे कुछ मदद कर पाएँ। थोड़ा वक़्त दो। रितेश और बाक़ी मज़दूरों की हालत पस्त थी। पहले उन्होंने शाहबाद में ही एक दुकान के बाहर बने चबूतरे पर रात बिताने का फ़ैसला किया। लेकिन जब पुलिस ने उन्हें वहाँ से खदेड़ दिया तो सबने तय कर लिया कि शाहबाद से आगे हरदोई की तरफ़ बढ़ा जाए। शायद कुछ खाने को भी मिल जाए। यह पहला मौक़ा था जब हम उन्हें बुरी तरह पस्त देख रहे थे। शरीर से भी और मन से भी। सुबह से अब तक वे 168 किलोमीटर चल चुके थे और 168 किलोमीटर चलने के बाद अगर न कुछ खाने को मिले और न आराम करने को तो हालत कैसी होगी—इसका अन्दाज़ा

लगाना मुश्किल नहीं था। तभी हमने देखा कि सबसे आगे चल रहा मुकेश अपनी साइकिल पर नियंत्रण खोने लगा और वह सड़क की बाईं तरफ़ की झाड़ियों में साइकिल समेत लुढ़क गया। मुकेश के गिरते ही मज़दूरों में अफ़रा-तफ़री मच गई। पास पहुँचे तो देखा, मुकेश बेहोश था। सोनू उसके गाल थपथपाने लगा। कृष्णा उसके पैर दबा रहा था। रितेश पानी ले आया और उसके चेहरे पर छींटे मारने लगा। सबके चेहरों पर दहशत थी। आशीष तो एकदम रुआँसा हो चला था। रामबाबू ख़ुद को कोसने लगा कि उसी ने शाहबाद से आगे चलने की ज़िद की थी। शाहबाद में ही कहीं और रुक जाने के बारे में सोचना चाहिए था। सड़क किनारे का वह हिस्सा लगातार मुकेश-मुकेश की आवाज़ से गूँज रहा था थोड़ी देर बाद मुकेश ने आँखें खोली तो सबने राहत की साँस ली।

"क्या हो गया था मुकेश?" रितेश ने पानी पिलाते हुए पूछा।

"पता नहीं...आँखों के आगे अँधेरा-सा हो गया...चक्कर जैसा आया और मैं गिर गया।"

यह हादसा ब्रजघाट में गंगा नदी पार करने की घटना के बाद का दूसरा बड़ा हादसा था। ब्रजघाट में तो पुलिस की ज़्यादती ने सबको परेशान किया था लेकिन मुकेश के साथ हुई घटना ज़्यादा तनाव देने वाली थी।

"अभी तो हम लोग 300 किलोमीटर भी पूरा नहीं कर पाए हैं और आदमी एक-एक करके बेहोश हो रहा है।" कृष्णा ने अपनी चिन्ता को सबके सामने रखी।

"यह सब तो होगा ही न कृष्णा। इसमें इतना परेशान होने का क्या बात है?" हमेशा की तरह रामबाबू ने सबसे पहले हस्तक्षेप किया।

"पता नहीं, हमको तो ठीक लक्षण नहीं दिख रहा है।"

"तुम हमेशा उलटा ही क्यों सोचते हो कृष्णा?" इस बार रामबाबू को ग़ुस्सा आ गया।

"हम उलटा बात नहीं कर रहे। हम बोल रहे हैं कि जोश में होश नहीं खोना चाहिए। बस इतना सा बात है।"

"यह बात से हम भी सहमत हैं। जैसे आज हम 15-20 किलोमीटर पहले कहीं रुक जाते तो मुकेश बेहोश नहीं होता।" आशीष कृष्णा के साथ आ गया।

"रुके तो हरदोई में। अब पुलिस डंडा करेगी तो कैसे रुकते? बताओ तो ज़रा।

रामबाबू ने सभी को निरुत्तर कर दिया।

तभी मेरा फ़ोन बजने लगा। नरेन्द्र सिंह का फ़ोन था। उन्होंने बताया कि पारुल भैया ने शाहबाद में खाने के आठ पैकेट का इन्तज़ाम करवा दिया है। कोई स्वयंसेवी संस्था पिछले कई दिनों से खाना बाँटने का ही काम कर रही है। पारुल भैया ने उसी से बात कर ली है। घोर निराशा के बीच यह बेहद राहत वाली ख़बर थी। कुछ ही देर बाद मेरे पास एक फ़ोन नम्बर भी आ गया। शाहबाद पहुँचकर हमें उस फ़ोन नम्बर पर सम्पर्क करके खाना लेना था। मुकेश को अब पूरी तरह होश आ चुका था। मज़दूरों को मैंने खाने का इन्तज़ाम होने की ख़बर दे दी थी। तय हुआ कि मुकेश की हालत को देखते हुए अब ज़्यादा चलना ठीक नहीं होगा, इसलिए आसपास ही कोई सुरक्षित जगह देखी जाए।

मैं और मानव रात 12 बजे जब खाना लेकर लौटे तो देखा कि मज़दूरों ने शाहबाद और हरदोई के बीच एक जगह, सड़क किनारे एक सीमेंट गोदाम के टीन शेड के नीचे रात गुज़ारने का ठिकाना बना लिया था। खाना मिलते ही सब उस पर टूट पड़े। बिलकुल भूखे भेड़ियों की तरह। वह दृश्य बेहद तकलीफ़देह था। इनसान को जब हम इनसान समझना बन्द कर देते हैं तो वह शायद यह समझ जाता है और जानवर ही बन जाता है। खाना खाने के बाद वीरान सड़क पर उस टीन शेड के नीचे उन सबकी कब आँख लग गई, उन्हें ही नहीं पता चला। ज़मीन पर बस एक चादर बिछी थी लेकिन उम्मीदों का आसमान तो सारा का सारा उन्हीं का था।

6

मुस्कुराइए कि आप लखनऊ में हैं

चौथा दिन : 30 अप्रैल, 2020

सहरसा
842 किलोमीटर

चौथे दिन का लक्ष्य था लखनऊ या उससे 28 किलोमीटर आगे बाराबंकी। लखनऊ के बारे में पुरानी कहावत है–मुस्कुराइए कि आप लखनऊ में हैं। इसकी वजह थी कि लखनऊ नफ़ासत के अलावा मेहमाननवाज़ी वाला शहर रहा है। लेकिन अभी तो हम लखनऊ से 110 किलोमीटर दूर थे और इस बात से अनजान थे कि सुबह-सुबह ही हमारे साथ कुछ अनचाहा होने वाला है।

कल तीसरे दिन की शुरुआत कितनी अच्छी हुई थी, जब सुबह चार घंटे में 70 किलोमीटर की दूरी नाप ली थी। लेकिन रात होने तक सारी बात ही बिगड़ गई जब मुकेश बेहोश होकर गिर गया। चौथे दिन के लिए तो कुछ और ही लिखा था। ऐसा, जो न हमने सोचा था और न मज़दूरों ने। पारुल भैया ने बहुत मुश्किल से हरदोई में मेरे और मानव के लिए कुछ घंटे ठहरने की व्यवस्था कर दी थी। कोरोना के ख़ौफ़ से एक भी अनजान आदमी की मदद करने से लोग घबरा रहे थे। दिल्ली से आने वालों से ज़्यादा डर था। रितेश और रामबाबू से रात में ही बात तय हो गई थी कि लखनऊ जाने के लिए रास्ता हरदोई से होकर ही गुज़रता है, लिहाज़ा वे लोग हमें सुबह आठ बजे तक हरदोई में मिलें। जिस जगह रात में हमने मज़दूरों को छोड़ा था, वहाँ से हरदोई 22 किलोमीटर दूर था। सुबह सात बजे के आसपास मानव ने बताया कि मज़दूरों को चले हुए एक घंटा हो चुका है। हम लोग भी आठ बजे तक हरदोई के हाइवे पर पहुँच गए। लेकिन आधा घंटा गुज़र जाने के बाद भी मज़दूर नहीं पहुँचे। हमें लगा कि कहीं किसी वजह से रुक न गए हों। फ़ोन किया

तो उन्होंने बताया कि वे लगातार चल रहे हैं। हम हैरान थे कि जब लगातार चल रहे हैं तो अब तक आए क्यों नहीं? मानव ने दिमाग़ दौड़ाया और रितेश से लाइव लोकेशन माँग ली। कुछ देर बाद जब लोकेशन आई तो हमने माथा ही पकड़ लिया। रितेश और बाक़ी मज़दूर हमसे 44 किलोमीटर दूर थे। मुझे समझ नहीं आया कि ये क्या हुआ? वे हरदोई आए बगैर हमसे इतनी दूर कैसे चले गए? मानव ने मैप को ग़ौर से देखा और बताया कि उन्होंने हरदोई आने का रास्ता पकड़ा ही नहीं। वे ग़लत रास्ते पर निकल गए हैं, जिसकी दिशा ही अलग है। उसी वक़्त रितेश को फ़ोन लगाया गया। टूटते-बिखरते नेटवर्क के बीच उसे समझाया गया कि वे लोग ग़लत रास्ते पर हैं लेकिन उसे समझ नहीं आया। वह मानव को समझाता रहा कि उसने सही रास्ता चुना है। लखनऊ के लिए यही सबसे छोटा रास्ता है। फ़ोन पर बहस करने का कोई फ़ायदा नहीं था। हमने तय किया कि हमारे पास कार है, हम ही उन तक पहुँचते हैं।

उन तक पहुँचने में एक घंटा लगा। सुबह दस बजे जहाँ सभी मज़दूरों से हमारी भेंट हुई, वह सीतापुर ज़िले के मिसरिख क़स्बे का एक गाँव था। सोनू की साइकिल फिर ख़राब हो गई थी। सबके चेहरे उतरे हुए थे। रितेश को भी एहसास हो चुका था कि उसने ग़लत रास्ता पकड़ लिया था। हमने गूगल मैप में देखा कि उस जगह से लखनऊ अभी 118 किलोमीटर दूर था जबकि हरदोई से लखनऊ की दूरी 110 किलोमीटर थी। मतलब साफ़ था कि सुबह के चार घंटे की मेहनत पानी में गई। मज़दूरों के चेहरों पर तनाव दिख रहा था। गाँव का एक मिस्त्री सोनू की साइकिल ठीक करने में लगा था। कोई भी किसी से बात नहीं कर रहा था। रामबाबू ग़ुस्से में उठकर कुछ दूर चला गया। सबको लगा कि वह अपनी नाराज़गी ज़ाहिर नहीं करना चाहता है।

कहाँ तो एक रात पहले योजना बन रही थी कि चौथे दिन हरदोई से बाराबंकी तक पहुँच जाएँगे और अब रात तक लखनऊ पहुँचना भी मुश्किल लग रहा था। आशीष भावुक था। उसे तो लगने लगा कि अब वे लोग कभी सहरसा नहीं पहुँच पाएँगे और रास्ते में ही ख़त्म हो जाएँगे।

एक रात पहले बेहोश हुए मुकेश की तबीयत बहुत ठीक नहीं थी। उसे कमज़ोरी थी और हल्की खाँसी हो रही थी। मुकेश और रितेश के बीच बहस

भी हो चुकी थी। सभी रितेश से नाराज़ थे। लेकिन रितेश भी क्या कर सकता था? उसकी एक ही सफ़ाई थी कि गूगल ने उसे लखनऊ के लिए यही रास्ता दिखाया था। सोनू की साइकिल ठीक होते ही रितेश ने सभी से माफ़ी माँग ली।

"अब गलती हो गया है हमसे...क्या बोलें? इतना ही बोल सकते हैं कि आगे से नहीं होगा।"

सब चुप रहे। कोई जवाब नहीं।

"अरे माफ़ कर दो भई इसे। इनसान अपनी ग़लती मान ले, यही काफ़ी है।"

मैंने बीच-बचाव की कोशिश की जिसका आशीष पर असर हुआ।

"चलो जो हुआ, सो हुआ। भगवान हमारे साथ है। आगे सब ठीक होगा।"

तभी सबने देखा कि रामबाबू भागता हुआ आ रहा है।

"चलो! जल्दी उठो। एक ट्रक रुकवाया हूँ। उसका ड्राइवर हम लोगों को बैठाने को तैयार है।"

रामबाबू से यह सुनते ही सबमें जान आ गई। सभी ट्रक की तरफ़ भागे। सुबह के चार घंटे के नुक़सान की भरपाई का यही एकमात्र ज़रिया था। रामबाबू समझ गया था कि रितेश से ग़लती तो हुई है और अब ग़लती को सिर्फ़ सुधारा ही जा सकता था। ट्रक वाले ने पहले तो रामबाबू को साफ़ मना ही कर दिया था। लॉकडाउन में ट्रक वालों को सख़्त हिदायत थी कि वह ट्रक पर प्रवासी मज़दूरों को नहीं चढ़ाएँ और जो ट्रक ड्राइवर ऐसा कर रहा था, उसे पुलिस न सिर्फ़ बुरी तरह पीट रही थी बल्कि ट्रक ज़ब्त करके 12000 रुपए का जुर्माना भी लगा रही थी। ऐसे में सीतापुर के रहने वाले ट्रक ड्राइवर घनश्याम यादव ने बहुत बड़ा ख़तरा मोल लिया था।

"ड्राइवर कैसे मान गया?" यह जानने की मेरी बड़ी जिज्ञासा थी।

"कुछ नहीं। हम बताए उसको कि मुकेश का तबीयत ख़राब है। सोनू का साइकिल में दिक्कत आ रहा है। पहले तो वो नहीं माना। पुलिस का डर बताया। फिर हम चलाए रामबाण।" यह कहकर रामबाबू मुस्कुराने लगा।

"तुमने अपना कौन-सा रामबाण चलाया रामबाबू?"

"हम उसको बोले कि पुलिस अगर पकड़ती है तो जो भी हर्जाना होगा, वो हम सब मजदूर दे देंगे।"

"लेकिन तुम लोगों के पास तो इतना पैसा नहीं है?"

"अब जो होगा देखा जाएगा, सर! पुलिस पकड़ेगी तो बोल देंगे कि हमें चार डंडे मार लो। ड्राइवर का कोई ग़लती नहीं है। और क्या करेंगे, सर!"

जल्द ही सारे मज़दूर ट्रक पर सवार हो गए।

ट्रक से पैंतीस किलोमीटर का सफ़र दो घंटे में तय हो गया। कुछ तो समय बचा। ट्रक वाले ने पैसे भी नहीं लिए।

एक बार फिर से सारे मज़दूर उत्साह में थे।

ट्रक के इस सफ़र ने उनमें नए सिरे से जान डाल दी थी। इनसान होता ही ऐसा है। कुछ ख़राब होता है तो लगता है सब ख़त्म। थोड़ा कुछ अच्छा हो जाता है तो लगता है दुनिया जीत ली।

दोपहर के एक बज रहे थे, लखनऊ अब दूर नहीं था। माइल स्टोन दूरी 80 किलोमीटर बता रहा था। रात तक लखनऊ पहुँच जाने की उम्मीद थी। सीतापुर-लखनऊ की यह सड़क चार लेन वाली थी। एकदम नई और साफ़-सुथरी। साइकिलों को अच्छी गति मिल रही थी।

इस सड़क की एक और ख़ास बात थी। यहाँ पहली बार दर्जनों और प्रवासी मज़दूर नज़र आए। कुछ साइकिल से चल रहे थे। कुछ पैदल ही मंज़िल की ओर थे। कुछ पेड़ के नीचे सुस्ता रहे थे। अंबाला से साइकिल से चले चालीस मज़दूरों के जत्थे की कहानी बहुत दर्दनाक थी। वे सब अंबाला से बिहार के बेतिया जा रहे थे। उन्हें क़रीब 1150 किलोमीटर की दूरी तय करनी थी और आज उनका सातवाँ दिन था। मुझे थोड़ी हैरानी हुई कि सात दिन में वे लोग अभी तक सीतापुर ही क्यों पहुँचे? तब मज़दूरों ने बताया कि जब वे लोग चले थे तब वे 42 थे और अब 40 हैं। उनका एक साथी पानीपत के पास ट्रक की चपेट में आ गया, उसकी मौक़े पर ही मौत हो गई। पूरे एक दिन सभी को पानीपत में ही रुकना पड़ा। उसका अन्तिम संस्कार किया और अब बस उसकी राख लेकर बेतिया जा रहे हैं। दूसरा साथी दिल्ली में बीमार हो गया तो उसे वहीं रोक दिया गया। हमने भी महसूस किया कि तब

तक देश के कई हिस्सों से मज़दूरों की मौत की ख़बरें आने लगी थीं। बेतिया के मज़दूरों की कहानी सुनकर सहरसा के मज़दूर हिल गए लेकिन यात्रा तो जारी रखनी ही थी।

इसी दौरान हमने देखा कि उत्तर प्रदेश पुलिस की तीन-चार गाड़ियों ने सड़क को घेर रखा है और कुछ सिपाही बीच सड़क पर खड़े होकर मज़दूरों को रोक रहे हैं। एक बार फिर सभी घबरा गए। इस बार तो पुलिस के पास गाड़ियाँ भी थीं। वे मज़दूरों को क्वारंटीन करने के लिए आसानी से ले जा सकते थे। क़रीब पहुँचकर देखा कि पुलिस की गाड़ियों के बीच सीतापुर के उप जिलाधिकारी की नीली बत्ती वाली कार भी है। पुलिस मज़दूरों को रोककर सड़क किनारे ले गई। सबको एक लाइन में खड़ा कर दिया। रितेश, रामबाबू, आशीष समेत सभी मज़दूरों के चेहरे का रंग उड़ चुका था। तभी पुलिस के दो सिपाही उप जिलाधिकारी की कार से एक बहुत बड़ा बक्सा निकाल लाए। बक्से में खाने के पैकेट थे। उन्होंने एक-एक करके सारे पैकेट मज़दूरों को बाँट दिए। उस फ़ूड पैकेट में कढ़ी-चावल, पूड़ी-सब्ज़ी, बिस्किट का पैकेट और पानी की छोटी बोतल थी। चार दिन में पहली बार हमने मज़दूरों को किसी सरकार या प्रशासन की तरफ़ से मदद मिलते हुए देखा। वैसे तो केन्द्र सरकार और कई राज्य सरकारों ने अपने स्तर से घोषणा की थी कि वे पलायन कर रहे मज़दूरों के लिए रास्ते में खाने-पीने की व्यवस्था कर रही हैं। लेकिन अभी तक के रास्ते में हमें यह पहली बार ही नज़र आया। मुझे लगा कि इसमें बहुत बड़ी भूमिका सम्बन्धित ज़िलों के ज़िलाधिकारियों की संवेदनशीलता और तत्परता की थी।

प्यार के इस छोटे से मरहम का ही असर था कि रितेश और मज़दूरों ने कुछ दूरी पर खेतों में जब एक ट्यूबवेल देखा तो वे ख़ुद को रोक नहीं पाए। तुरन्त कपड़े उतारकर सब नहाने लगे। सारे के सारे पूरे चार दिन बाद नहा रहे थे। चार दिन तक पुलिस के डर से वे न कहीं रुके थे, न नहा पाए थे। आज नहाने का मौक़ा मिला था। चार दिनों से शरीर पर पड़ी धूल-गर्द और मन में जमी मैल और निराशा एक साथ दूर हो रही थी।

नहाने के बाद सभी ने चार दिन में पहली बार कपड़े बदले। कपड़े क्या

बदले, सारे के सारे बदले हुए नज़र आने लगे। ये वे थे ही नहीं, जिनके साथ हम लगातार चल रहे थे। रितेश आया मेरे पास और बोला : सर, हम लोगों का एक फ़ोटो धुले हुए कपड़ों में भी खींचिए न। सुबह से हमने भी कुछ नहीं खाया था। मज़दूरों ने खाने के उन पैकेटों से कुछ खाना हमें भी दिया, जिसे हमने साथ बैठकर ख़ुशी-ख़ुशी खाया।

पूरे माहौल में एक अजीब सी सकारात्मकता और नई ऊर्जा थी। लेकिन मज़दूरों को क्या पता था कि आगे चलकर उन सबका एक बड़ा इम्तिहान होने वाला है। चार दिन में पहला इम्तिहान। लखनऊ से क़रीब 50 किलोमीटर पहले पुलिस ने सड़क पर बैरिकेड लगा रखे थे और सिपाही सभी मज़दूरों को बाईं तरफ़ जाने का इशारा कर रहे थे, जहाँ एक छोटा सा शामियाना लगा हुआ था। समझते देर नहीं लगी कि कोरोना की जाँच के लिए सारे प्रवासी मज़दूरों की स्क्रीनिंग हो रही है। उस शामियाने में स्वास्थ्य विभाग, ज़िला प्रशासन और पुलिस का एक-एक कर्मचारी तैनात था। स्वास्थ्य विभाग का कर्मचारी मशीन सबके माथे पर लगाकर शरीर के तापमान की जाँच कर रहा था। जिसका तापमान ज़्यादा था, उन्हें अलग समूह में बैठाया जा रहा था। रितेश और बाक़ी मज़दूर समझ गए कि इस मशीन में जो भी पकड़ा जाएगा, उसकी यात्रा यहीं ख़त्म हो जाएगी। उसे कम-से-कम चौदह दिन क्वारंटीन होना होगा। सबसे ज़्यादा तनाव मुकेश को लेकर था, जो रात को बेहोश हो गया था और सुबह से खाँस भी रहा था। मुसीबत सामने थी। कुछ-न-कुछ तो करना ही था। रामबाबू ने देखा कि वे सब लोग चिलचिलाती धूप में खड़े हैं। इतनी धूप में शरीर का तापमान वैसे ही बढ़ा हुआ आना था। रामबाबू सबको इशारे से एक पेड़ की छाँव में ले गया। वहीं खड़े होकर वे सभी अपनी बारी का इन्तज़ार करने लगे। रामबाबू ने मुकेश को समझा दिया कि वह स्क्रीनिंग पर जाने से पहले अपना पूरा चेहरा अच्छे से धो लें और ग़लती से भी न खाँसे। यह बड़ी मुश्किल परीक्षा थी। किसी को समझ नहीं आ रहा था कि अगर मुकेश जाँच में नहीं बचा तो बाक़ी लोग क्या करेंगे। क़तार में सबसे आगे सोनू था। सोनू के पीछे संदीप, कृष्णा, आशीष, रितेश। रितेश के पीछे मुकेश और मुकेश के बाद आख़िर में रामबाबू। क़तार बहुत सोच-समझ कर बनाई गई थी। यह भी तय किया गया

था कि अगर मुकेश जाँच में पकड़ा जाए तो उसे बचाने की कोशिश की जाए।

एक-एक करके सभी ने स्क्रीनिंग पार कर ली। मुकेश की जब बारी आई तो रितेश आगे जाने के बजाय कोने में ही खड़ा हो गया। सभी की नज़र मुकेश की जाँच पर थी। साँसें अटकी हुई थीं और फिर वही हुआ जिसकी आशंका थी, मुकेश को आगे बढ़ाने के बजाय एक तरफ़ खड़ा कर दिया गया।

"हाँ, नाम बताओ अपना।" स्वास्थ्य विभाग के कर्मचारी ने पूछा और ज़िला प्रशासन का कर्मचारी रजिस्टर में लिखने लगा।

"जी, मुकेश कुमार।"

"कहाँ से आ रहे हो?"

"लोनी, गाजियाबाद से।"

"और कहाँ जाना है?"

"जी, सहरसा, बिहार।"

"पूरा पता बताओ।" यह ज़िला प्रशासन के कर्मचारी की आवाज़ थी। रितेश, रामबाबू और बाक़ी सब बेहद तनाव में थे।

"जी...ग्राम मोहनपुर, ब्लॉक बनमा इटहरी, जिला सहरसा।"

"ठीक है...तुम वहाँ बैठ जाओ...तुम्हें हम 14 दिन रखेंगे...इसका टेम्परेचर कितना लिखना है डाक साहब।"

ज़िला प्रशासन के कर्मचारी ने स्वास्थ्य विभाग वाले से पूछा। वह किसी भी हालत में डॉक्टर नहीं था, न वैसा दिख रहा था। लेकिन यूपी-बिहार में एक बात बड़ी सामान्य सी है। जिसने भी सफ़ेद कोट पहन लिया, वो डाक साहब!

"इसका टेम्परेचर लिखिए 98.9 डिग्री सेल्सियस।"

"98.9 डिग्री?"

ज़िला प्रशासन का वह कर्मचारी लिखते-लिखते अचानक चौंका।

"लेकिन अभी तो आपने 98.8 वाले को जाने दिया था।"

"इसका उससे ज़्यादा है ना?"

"प्वाइंट वन का ही तो फ़र्क़ है डाक साहब...इतने के लिए रोककर क्या करेंगे?"

"अरे, सर...जाने दीजिए न...गर्मी की वजह से बढ़ा हुआ है...बाकी ये

बिलकुल ठीक है।" रामबाबू दोनों की बहस का फ़ायदा उठाते हुए बीच में कूद गया।

"हाँ, सर...जाने दीजिए न...सुबह से कुछ खाया नहीं, उसकी वजह से भी ये सब हुआ होगा।" रितेश ने भी मौक़े का फ़ायदा उठाया।

'डॉ. साहब' कुछ देर चुप रहे। सब समझ गए थे कि मुकेश को मुक्ति अब बस मिलने ही वाली है।

दिन की शुरुआत बहुत ख़राब हुई थी। मुकेश वाली एक छोटी-सी घटना को छोड़कर दिन अच्छा जा रहा था और हममें से किसी को अन्दाज़ा ही नहीं था कि रात में तो चमत्कार होने वाला है। मैंने अन्दाज़ा लगा लिया था कि जिस रफ़्तार से साइकिलें दौड़ रही थीं, हम रात के नौ बजे तक लखनऊ पहुँच जाएँगे और वहीं विश्राम करेंगे। साथ ही यह भी एहसास था कि लखनऊ में कोरोना के बढ़ते मामलों की वजह से शहर के अन्दर प्रवेश करने की इजाज़त नहीं मिलेगी। ऐसे में रात को कहाँ रुकेंगे, खाने का इन्तज़ाम कैसे होगा? ऐसे बहुत सारे सवाल मन में थे।

रामबाबू से पूछा तो उसने कह दिया कि रितेश ने कुछ सोचा है। रितेश से बात की तो वह बोला–"आज रात जल्दी रुक जाएँगे, सर। चाहे कहीं भी जगह मिल जाए। मुकेश जैसा किसी और के साथ हो गया तो दिक़्क़त हो जाएगी।"

लखनऊ में यूँ तो मेरे कई सारे मित्र, परिचित थे लेकिन मैंने स्कूल के ज़माने के अपने दोस्त जयविंद सक्सेना से बात करना उचित समझा। जयविंद लखनऊ के एक नामी स्कूल में 25 साल से कैमिस्ट्री पढ़ा रहा था। उसके कई छात्र अब अच्छी पोज़ीशन पर थे और बेहद अच्छा शिक्षक होने की वजह से वे उसको बहुत मानते थे। जयविंद ने भी शुरू में निराश किया, जब उसने वही बात बताई, जो हमें पहले से मालूम थी कि लखनऊ में लॉकडाउन की वजह से सब कुछ बन्द है। शाम के सात बज चुके थे। लखनऊ अब बस 27 किलोमीटर दूर था। अब तक रात के रुकने और खाने का कोई इन्तज़ाम नहीं हो पाया था। तभी मेरे मोबाइल पर अनजान नम्बर से एक फ़ोन आया।

"नमस्कार विनोद सर...मैं लखनऊ से प्रत्यूष पांडे बोल रहा हूँ, जयविंद सर का स्टूडेंट हूँ...बताइए सर, क्या करना है?"

मुझे लगा कि चलो मास्टर जी किसी काम के तो निकले।

"यार प्रत्यूष...हम कुल नौ लोग हैं...सात तो ये प्रवासी मज़दूर हैं जिनके साथ हम डॉक्यूमेंट्री शूट कर रहे हैं और दो हम लोग। पहले तो सबके खाने का इन्तज़ाम करना है और फिर देखना है कि रात को कहाँ रुक सकते हैं।"

"दोनों का इन्तज़ाम हो जाएगा, सर?" प्रत्यूष ने तुरन्त जवाब दिया।

"अच्छा? कैसे?"

"सर, जहाँ हम आपके लिए व्यवस्था करेंगे, वहीं मज़दूरों के लिए भी कर दें तो आपको कोई दिक़्क़त तो नहीं?"

"इससे अच्छी बात तो हो ही नहीं सकती प्रत्यूष। बस देख लो...तुम्हें कोई तकलीफ़ न हो या जिसके यहाँ तुम व्यवस्था करा रहे हो, उन्हें कोई दिक़्क़त न हो।"

"नहीं, सर...सब अपना ही है...दरअसल सर...बख्शी का तालाब एरिया में मैं एक हॉस्टल चलाता हूँ...यूनिवर्सिटी के छात्रों के लिए...वह अभी ख़ाली है।"

बख्शी का तालाब सुनकर मैं चौंका क्योंकि अभी कुछ देर पहले ही मैंने एक माइलस्टोन देखा था। बख्शी का तालाब सात किलोमीटर। मैंने उसे टोका।

"सुनो प्रत्यूष, हम बख्शी का तालाब के पास ही हैं।"

"ये तो बहुत अच्छा हो गया सर! आपको दाएँ हाथ पर एक बड़ी बिल्डिंग नज़र आएगी पूर्वांचल छात्रावास के नाम से...वह अपना ही हॉस्टल है। कोरोना की वजह से छात्रों को घर भेज दिया था। लेकिन स्टाफ़ है वहाँ पर...वह आप लोगों के लिए सारी व्यवस्था कर देगा।"

"तुम हंड्रेड परसेंट श्योर हो न प्रत्यूष? कोई दिक़्क़त तो नहीं? तुम्हारे स्टाफ़ को या प्रशासन की तरफ़ से?"

"अरे नहीं सर! सेवा करने से कोई समस्या में थोड़े न आता है।"

मैं तसल्ली इसलिए करना चाहता था कि कल को उसके सामने कोई नई मुसीबत न आ जाए और कहीं ऐसा तो नहीं कि वह अपने स्कूल के गुरु जयविंद के दबाव में ये सब कर रहा है।

प्रत्यूष पांडे ने पल भर में सारी चिन्ता दूर कर दी। रात आठ बजे अँधेरे में डूबा पूर्वांचल छात्रावास हमारे सामने था। बस उसका बोर्ड दूर से रौशनी में चमक रहा था। हम लोगों के लिए इतना ही काफ़ी था। जगह पहचानने के लिए भी और इनसानियत के प्रति उम्मीद बनाए रखने के लिए भी। जब हम हॉस्टल के अन्दर पहुँचे तो सामने कई सुखद आश्चर्य थे। मेरे बचपन का दोस्त जयविंद और तक़रीबन तीस साल का प्रत्यूष हमारा इन्तज़ार कर रहे थे। हमारी हैरत का ठिकाना न रहा, जब हमें यह पता चला कि हमारे लिए उन्होंने एसी कमरों का इन्तज़ाम कर रखा है। प्रत्यूष मुझे कोने में ले जाकर बोला, "सर, मैंने सोचा कि चार दिन से परेशानी झेल रहे हैं, एक रात आराम से सो जाएँगे तो आगे का सफ़र कुछ तो आसान हो जाएगा। आपको कोई दिक़्क़त तो नहीं?"

उस रात सारे मज़दूर बहुत ख़ुश हुए। वे वीडियो कॉल करके घरवालों को अपना एसी वाला कमरा दिखा रहे थे। वे सपनों-सी किसी दुनिया में थे। उनकी यह ख़ुशी यक़ीनन अनमोल थी। तब मानव ने बड़ी अच्छी बात कही : लॉकडाउन के बाद हर शहर के स्कूलों और हॉस्टलों में सरकारें ऐसा ही इन्तज़ाम मज़दूरों के लिए कर देतीं तो आज सड़क पर एक भी मज़दूर नहीं होता। बाद में प्रत्यूष ने हम सबको बहुत अच्छा भोजन करवाया। कई बार तो वह ख़ुद मज़दूरों को पूड़ी और सब्ज़ी देता हुआ नज़र आया। जयविंद ने रितेश से कहा कि आधी जंग तुम लोग जीत चुके हो। बस, आधी बाक़ी है। जब तुम लोग सहरसा पहुँच जाओ तो वहाँ से विनोद के साथ एक सेल्फ़ी खींचकर मुझे भेजना। मैं कल्पना करने लगा कि वह भी क्या पल होगा जब मज़दूरों के गाँव पहुँचकर हम तस्वीरें क़ैद कर रहे होंगे। उस रात के लिए इतना भावुक होनी काफ़ी था।

7

ऐसा भी मई दिवस

पाँचवाँ दिन : 1 मई, 2020

सहरसा
674 किलोमीटर

आज मज़दूरों की यात्रा का पाँचवाँ दिन था। तारीख़ थी 1 मई, 2020 यानी आज विश्व मज़दूर दिवस भी था और विडंबना यह कि पूरी दुनिया में सबसे ज़्यादा मज़दूरों वाले देश, भारत में इस दिन अनगिनत मज़दूर अपने घरों की ओर जाने वाले रास्तों पर भूखे, प्यासे, पैदल बढ़ रहे थे। जैसे ही हम लखनऊ में नेशनल हाइवे 28 पर पहुँचे, सड़क पर प्रवासी मज़दूरों के हुजूम नज़र आने लगे। इसकी वजह यह थी कि एन एच 28 उत्तर प्रदेश के लखनऊ, बाराबंकी, अयोध्या, बस्ती, गोरखपुर, कुशीनगर से कई शहरों को सीधे बिहार के गोपालगंज, पूर्वी चम्पारन , मुज़फ़्फ़रपुर, समस्तीपुर जैसे शहरों से जोड़ता है। इसीलिए बड़ी संख्या में बिहार के मज़दूर इस हाइवे पर दिख रहे थे। सहरसा पहुँचने के लिए रितेश और बाक़ी मज़दूरों को भी अब इसी हाइवे पर रहना था। छह लेन की अच्छी सड़क को देखते हुए रितेश ने लक्ष्य रखा कि पाँचवीं रात बस्ती तक ज़रूर पहुँचा जाए। जो लखनऊ से 190 किलोमीटर दूर था।

पूर्वांचल हॉस्टल से जब निकले तो वहाँ के स्टाफ़ ने प्रत्यूष के कहने पर मज़दूरों के लिए इतनी पूड़ी और आलू की सब्ज़ी पैक कर दी थी कि ये लोग पाँच दिन तक खा सकते थे। जब मना किया तो कहा कि रास्ते में मिलने वाले दूसरे मज़दूरों को भी खिला देना। हमने पूरे पैकेट को ग़ौर से देखा। कम-से-कम सौ मज़दूरों के लिए एक वक़्त का भोजन था। प्रत्यूष ने अपने व्यवहार से एक ही रात में अपना मुरीद बना लिया था।

सुबह के सात बज चुके थे। सूरज को निकले काफ़ी देर हो चुका था पर

लखनऊ सो रहा था। यह लखनऊ की सुबह तो बिलकुल नहीं थी। न कहीं चाय की दुकान, न कहीं कचौड़ी के लिए कोई क़तार। कुछ हॉकर अख़बार के बंडल लेकर निकल पड़े थे। उनके चेहरों से साफ़ था कि न अख़बार में ख़बर अच्छी थी और न उनकी ज़िन्दगी में।

सड़कों पर सन्नाटा था। इस सन्नाटे के बीच मज़दूरों की साइकिलों की आवाज़ ही शहर के ज़िन्दा होने का सुबूत दे रही थी। कुछ देर बाद यह सुबूत भी मिट गया। सारी साइकिलें एक-एक करके रुक गईं। आशीष की साइकिल का टायर पंक्चर हो गया था। सबको रुकना पड़ा। शहर जिस तरह सोया हुआ लग रहा था, उसे देखकर लग नहीं रहा था कि नौ बजे से पहले कोई मिलेगा। क्या किया जा सकता था? सिवाय इसके कि पैदल यात्रा ही की जाए। भावुक आशीष के लिए ये सब चीज़ें भी बहुत भारी हो जाती थीं। रामबाबू ने देखा कि आशीष की आँखें नम हैं।

"क्या हुआ आशीष? रो क्यों रहा है?"

"नहीं, कुछ नहीं?" रामबाबू का सवाल समझकर आशीष ने ख़ुद को सँभाला।

"कुछ कैसे नहीं? तू रो रहा है?"

"बस ऐसे ही सोच रहा था कि मेरी वजह से सब अटक गए। अब हमको एक दिन और देर हो जाएगा।"

"क्या फालतू का बात कर रहा है? देर हो जाएगा तो हो जाएगा? वहाँ गाँव में कौन सा हमारा दिहाड़ी कट रहा है?" रामबाबू की बात सुनकर आशीष मुस्कुराने लगा।

"और दिहाड़ी कट भी गया तो तुम-सबको एक दिन का पैसा दे देना।"

संदीप ने माहौल को और हल्का करने की कोशिश की। सबके चेहरों पर मुस्कुराहट की हल्की एक लकीर दिखने लगी। पर मन-ही-मन सब चिन्ता में थे कि पंक्चर वाला मिलेगा कि नहीं? मिलेगा तो कब मिलेगा? पैदल चलते-चलते एक घंटा हो गया था। पाँच किलोमीटर की दूरी ही तय कर पाए थे। साइकिल के साथ पैदल इससे ज़्यादा हो भी नहीं सकता था। रात तक बस्ती पहुँच पाना असम्भव लगने लगा।

"लगता नहीं कि आज रात हम बस्ती पहुँच पाएँगे।" सबसे पहले सोनू ने ही यह सवाल उठाया।

"कोई बात नहीं, अयोध्या तक तो पहुँच जाएँगे।" रितेश ने तुरन्त लक्ष्य में बदलाव कर लिया।

"अयोध्या यहाँ से कितना दूर है?"

"होगा डेढ़ सौ किलोमीटर।"

"पर वो तो तब पहुँचेंगे न जब आशीष का साइकिल ठीक हो जाएगा।" रितेश के जवाब से सोनू संतुष्ट नहीं था।

"ठीक हो जाएगा। सब हो जाएगा। शान्ति रखो बस।" रामबाबू ऐसे हर मौक़े पर बीच में आ ही जाता था।

तभी रामबाबू की आँखें अचानक कुछ देखकर चमक उठीं।

"बोला था न सब ठीक होगा। वो देखो साइकिल का दुकान।" रामबाबू ने सड़क की दाईं तरफ़ इशारा किया। एक बहुत छोटी-सी दुकान के बाहर कई पुराने टायर लटके नज़र आ रहे थे। एक आदमी दुकान के बाहर खड़ा था।

समय गँवाए बिना सब लोग उस दुकान की तरफ़ लपके।

"ये आपका दुकान है, भाईसाहब?" आशीष बेसब्र हो रहा था।

"हाँ, क्यों?"

"हमारा टायर पंक्चर हो गया है भाईसाहब।"

"दुकान बन्द है भैया। लॉकडाउन नहीं जानते हो क्या?" दुकान वाले की आवाज़ में बेरुख़ी थी।

"बस, एक पंक्चर लगा दो भाईसाहब।"

"नहीं हो पाएगा भैया, पुलिस की गाड़ी चक्कर मारती रहती है।"

"एक पंक्चर की तो बात है भैया...मदद कर दो...हम लोगों को बिहार जाना है।" अब रितेश बीच में कूद पड़ा।

"नहीं हो पाएगा।"

इतना कहकर वह दुकान के पीछे की तरफ़ जाने लगा।

"अरे सुनो तो भाईसाहब!" रितेश ने पीछे से आवाज़ दी। साइकिल वाला रुक गया।

"थोड़ा ज्यादा पैसा ले लेना।"

"पैसे की बात ही नहीं है..."

और वह दुकान के पीछे बने मकान में घुस गया। सब हैरान थे कि कोई इतना संवेदनहीन कैसे हो सकता है। ज़्यादा निराशा इस बात की थी कि अब फिर पैदल चलना पड़ेगा। तभी वह साइकिल वाला फिर बाहर आया। उसके हाथ में हवा भरने वाला पंप था।

"लो...अभी हवा भर के काम चला लो।"

आशीष ने तुरन्त पंप लपक लिया। वह हवा भरने लगा।

साइकिल वाले ने फिर बोलना शुरू किया।

"एक किलोमीटर आगे दाएँ हाथ पर हनुमान मन्दिर है। उसके ठीक पीछे एक पंक्चर बनाने वाला है। वह कभी-कभी दुकान खोलता है। खुला होगा तो वही खुला होगा।"

रितेश ने मन-ही-मन सोचा कि शक्ल और हरकतों से बेरुखे दिखने वाले इनसान भी कभी-कभार अच्छे निकलते हैं।

आशीष ने साइकिल के टायर में हवा भरते ही तय किया कि जल्द से जल्द हनुमान मन्दिर तक पहुँचा जाए। पता नहीं, पंक्चर कितना बड़ा है या कहीं ऐसा तो नहीं कि सिर्फ़ हवा निकल गई हो? पंक्चर हो ही ना? आशीष इसी उधेड़बुन में साइकिल दौड़ा रहा था कि अचानक साइकिल डगमगाने लगी। सौ मीटर चलते ही हवा फिर निकल गई। पता चल गया था कि पंक्चर बड़ा है और ऐसी हालत में चलाने से ट्यूब को और नुक़सान हो सकता था। एक बार फिर सब पैदल थे, हालाँकि यह उम्मीद भी थी कि हनुमान मन्दिर तो आने ही वाला है। बस उसके बाद पंक्चर बन जाएगा और फिर साइकिलों को बुलेट ट्रेन बना दिया जाएगा। प्रार्थना जारी थी। विश्वास पूरा था कि संकटमोचक ही इस मुसीबत से छुटकारा दिला सकते हैं। मन्दिर तक पहुँचने पर वहाँ हनुमान तो मिले पर मिस्त्री नज़र नहीं आया। दुकान बन्द थी। मन्दिर की सफ़ाई कर रहे एक बच्चे ने बताया कि दो दिन पहले पुलिस ने उसे 'ठीक' से पीटा था, तब से वह नहीं आ रहा है। ब्रजघाट के बाद यह दूसरा मौक़ा था, जब मज़दूरों को पुलिस के व्यवहार पर बेहद ग़ुस्सा आया।

नौ बजने वाले थे। पैदल चलते हुए दो घंटे गुज़र चुके थे। सड़क किनारे लगे छोटे से बोर्ड पर चिनहट लिखा हुआ था। चिनहट पढ़ते ही ख़याल आया चिनहट पॉटरी।

फ़ैज़ाबाद-अयोध्या रोड पर बसा ये क़स्बा चीनी मिट्टी से बने सामान के लिए देश में काफ़ी प्रसिद्ध है। चिनहट से गुज़रते हुए लगा कि शायद कोई पंक्चर वाला मिल जाए, जो हो न सका। कुछ देर बाद सभी मज़दूर पैदल हाइवे पर चले जा रहे थे। सड़क किनारे खड़े ट्रकों की क़तार दिखनी शुरू हो गई थी। आशीष सबसे आगे चल रहा था। वह बहुत बेचैन था। इस एहसास के साथ कि उसकी वजह से सब पैदल चल रहे हैं। आशीष की नज़र ट्रकों की क़तार पर थी। उसने अनुमान लगाया कि ट्रक वाले ज़रूर नाश्ता करने रुके होंगे, इनसे लिफ़्ट की बात करनी चाहिए। वह कुछ क़दम चला ही था कि उसे सोलह टायर वाले विशालकाय ट्रक के सामने अधेड़ उम्र का एक शख़्स नज़र आया।

"अंकल जी, ये ट्रक आपका है?" आशीष ने जिस मासूमियत से पूछा था वो ट्रक वाला उसे देखता ही रह गया।

"हाँ, हमारा है।"

"अंकल जी...हमको अपना ट्रक से आप आगे तक कहीं छोड़ देंगे?"

"नहीं...ये नहीं हो सकता।"

"देखिए अंकल जी...टायर पंक्चर हो गया है...कोई दुकान नहीं खुला है...दो घंटे से पैदल चल रहे हैं..." आशीष रुआँसा हो गया।

ट्रक वाला सोच में पड़ गया। पर बोला कुछ नहीं।

"गाजियाबाद से आ रहे हैं...बिहार जाना है...हमारा मदद कर दीजिए अंकल जी।"

"देखो, हमें कोई दिक़्क़त नहीं है...जो भी ट्रक वाला मज़दूरों को बिठा रहा है पुलिस उसका ट्रक ज़ब्त कर ले रही है। अब ऐसे में हम क्या करें बताओ।"

"अंकल जी...हम आपका पैर पकड़ रहे हैं...पुलिस का भी पैर पकड़ लेंगे।" और आशीष ने सचमुच ट्रक वाले का पैर पकड़ लिया। तब तक बाक़ी मज़दूर भी आ चुके थे।

"देखिए अंकल जी, हमारी वजह से इन सबको भी पैदल जाना पड़ रहा है।"

आशीष का अनुरोध सुनने के कुछ पल बाद तक ट्रक वाला चुप रहा, फिर बोला, "कहाँ जाना है तुम लोगों को?"

"हम लोगों को तो सहरसा जाना है...आप कहीं भी छोड़ दो।"

"ठीक है! मैं तुम लोगों को अयोध्या के बॉर्डर तक छोड़ दूँगा। आधे घंटे बाद निकलेंगे। अपना साइकिल, सारा सामान और ख़ुद को एकदम नीचे की तरफ़ छिपा लो...पुलिस को पता नहीं चलना चाहिए।"

मज़दूरों को लगा कि उनकी मानो एक करोड़ की लॉटरी लग गई है। लखनऊ सीमा से अयोध्या तक की 125 किलोमीटर की दूरी बस दो घंटे में तय होने वाली थी।

पाँच मिनट में सातों साइकिलें ट्रक के अन्दर थीं। इन मज़दूरों को देखकर पैदल चल रहे या साइकिल से जा रहे कुछ अन्य मज़दूरों ने भी ट्रक वाले से मदद माँगी और वे मना नहीं कर सके। कुछ देर बाद जब मैंने ट्रक वाले से बात की तो पता चला कि उनका नाम रामसुरेश यादव है, अम्बेडकर नगर के रहने वाले हैं। ट्रक भी वहीं जा रहा है। अगर गोरखपुर जाता तो मज़दूरों को गोरखपुर तक छोड़ देते।

"रास्ते में पुलिस ने पकड़ लिया और आपका ट्रक ज़ब्त कर लिया तो?"

"अब पकड़ लेगा तो पकड़ लेगा। बस, हम उनसे एक ही बात पूछेंगे कि क्या गरीब और मजबूर आदमी की मदद करना अपराध होता है?"

रामसुरेश यादव के ट्रक पर अयोध्या तक की यात्रा मज़दूरों के लिए ऐसी थी मानो भगवान राम सबको पुष्पक विमान में बैठाकर अपनी नगरी तक ले जा रहे हों। किसी को यक़ीन नहीं हो रहा था कि उनके साथ ये चमत्कार हो रहा है। कहाँ तो अभी थोड़ी देर पहले यह सोचने लगे थे कि रात तक अयोध्या पहुँचना भी मुश्किल हो जाएगा और कहाँ अब लक्ष्य बस्ती में पड़ाव डालने का सोच रहे थे। सबके ज़ेहन में बस एक चिन्ता ज़रूर थी कि अयोध्या में पंक्चर वाला मिल जाए।

12 बजे के आसपास रामसुरेश ने सभी मज़दूरों को अयोध्या की सीमा पर उतार दिया और ट्रक अम्बेडकर नगर की तरफ़ चला गया। जाने से पहले कुछ मज़दूरों ने रामसुरेश को पैसे देने की बहुत कोशिश की लेकिन उन्होंने नहीं लिए। रितेश ने पूर्वांचल हॉस्टल से मिली पूड़ी-सब्ज़ी खाने को कहा लेकिन यह कहकर उन्होंने मना कर दिया कि अभी दो घंटे पहले ही तो नाश्ता किया था। रामसुरेश के जाने के बाद जब सारे मज़दूर नाश्ता कर रहे थे तो यही बात कर रहे थे कि रामसुरेश जैसे इनसानों के कारण ही अभी तक दुनिया में इनसानियत कायम है। एक साथ सत्तर लोगों को अयोध्या ले आया। रितेश ने पूरा नाश्ता इन सत्तर मज़दूरों में बाँट दिया। मैंने और मानव ने भी वह पूड़ी-सब्ज़ी खाई। हर कौर के साथ प्रत्यूष का चेहरा मेरी आँखों के सामने झिलमिला उठता। सोचता रहा। रात को ठहरने का इन्तज़ाम किया। सबको खाना खिलाया और अगले दिन के लिए खाना पैक भी कर दिया। ऐसे लोग अब कहाँ मिलते हैं। सहरसा अब 532 किलोमीटर पास था।

नाश्ते के बाद अब सबकी चिन्ता थी आशीष की साइकिल। आधे घंटे पैदल चलने पर आख़िरकार पंक्चर ठीक करने वाला मिल ही गया। अभी एक भी नहीं बजा था। आराम से अस्सी किलोमीटर साइकिल चलाकर रात तक बस्ती पहुँच जाने का निश्चय फिर कुलाँचे मारने लगा। मज़दूर सोचने लगे, कल बस्ती से निकलेंगे, बिहार बॉर्डर पहुँच जाएँगे और परसों बिहार बॉर्डर में घुसकर रात तक सहरसा। लेकिन अभी समस्याएँ ख़त्म नहीं हुई थीं।

"ये पंक्चर नहीं है भैया...तुम्हारा तो पूरा का पूरा ट्यूब फट गया है।" पंक्चर वाले ने आशीष की साइकिल से ट्यूब निकालकर सामने रख दिया तो सबका उत्साह ठंडा पड़ गया।

"तो अब?" आशीष सबसे ज़्यादा परेशान था, जो स्वाभाविक भी था।

"ट्यूब बदला जाएगा और क्या?"

"तो बदल दो ना।"

"अपने पास ट्यूब नहीं है भैया...डेढ़ किलोमीटर आगे दुकान है...वहाँ मिल जाएगी।"

चलो इतना झेला है तो थोड़ा और सही। यही सोचकर सारे मज़दूर

कड़ी धूप में एक बार फिर पैदल चल रहे थे। इस बात से बेख़बर कि आगे और क्या-क्या होने वाला है। अगली दुकान बस कहने को बड़ी थी। बाहर से देखकर लग तो रहा था कि इसके पास ट्यूब होनी चाहिए।

"चाचा जी, साइकिल का ट्यूब रखते हो क्या?" क़रीब 65 साल के दुकानदार से रामबाबू ने पूछा।

"हाँ, रखते हैं भैया...बोलो क्या बात है?"

"आशीष! साइकिल ले आओ। ट्यूब है यहाँ पर।" उत्साह के साथ तक़रीबन चिल्लाया रामबाबू। आशीष समेत सभी लोग दुकान के पास पहुँचे। आशीष ने साइकिल आगे बढ़ा दी और फिर साइकिल वाले ने जो कहा, उसके बाद तो सबके पैरों के नीचे से ज़मीन ही खिसक गई।

"इस साइकिल का ट्यूब हमारे पास नहीं है भैया।"

"अभी तो आप बोले थे कि ट्यूब रखते हैं?" रामबाबू हैरान था।

"हाँ, बोले थे, पर इसका थोड़े न बोले थे। ये स्पोर्ट्स मॉडल वाली साइकिल है...हम ऐसा साइकिल का ट्यूब रखते हैं।" साइकिल वाले बुज़ुर्ग ने रामबाबू की सामान्य साइकिल की तरफ़ इशारा किया।

आशीष ख़ुद को कोसने लगा कि उसने स्पोर्ट्स मॉडल वाली साइकिल क्यों ख़रीदी? उसे सामान्य साइकिल ख़रीदने का भी विकल्प मिल रहा था लेकिन सिर्फ़ स्टाइल के लिए वह इस साइकिल के चक्कर में पड़ गया।

"तो इसका ट्यूब कहाँ मिलेगा?" आशीष फिर रुआँसा हो चला था।

"का पता भैया...यहाँ तो न मिलने वाला है।" साइकिल वाले की बात सुनकर सब लोग सकते में थे।

"तो कहाँ मिलेगा?"

"अरे, दिल्ली-बम्बई की साइकिल का ट्यूब हम तो यहाँ कभी देखे नहीं हैं..."

"अन्दर शहर में तो मिल जाएगा ना?" इस बार मैंने दख़ल दिया। मैं ख़ुद भी आशान्वित रहना चाहता था और मज़दूरों को भी उम्मीद बँधाए रखना चाहता था।

"का मालूम भैया...लॉकडाउन है ना!"

ये नई मुसीबत बड़ी मुसीबत थी। स्पोर्ट्स साइकिल का ट्यूब और वो भी लॉकडाउन में। हमें ख़ुद इस पूरी यात्रा पर संकट नज़र आने लगा। तभी मुझे एक आइडिया आया।

"आपके पास ये सब जो ट्यूब रखा है...ये आप कहाँ से लेते हैं?"

"बाज़ार से...फ़ैज़ाबाद।"

"आप ये ट्यूब जहाँ से ख़रीदते हैं, उसका कोई नम्बर है आपके पास... मोबाइल या कोई और?"

"ना...नम्बर तो नहीं है।"

अचानक आशीष ने कहा, "मैं एक बात बोलूँ?"

मेरे विचार से तुम सब लोग निकलो, एक आदमी की वजह से सबका रुकना सही नहीं है और...।

"बेकार का बात।" रामबाबू ने तुरन्त आशीष को टोका।

"सही बात है। सब साथ चलेंगे।" रितेश ने रामबाबू की बात का समर्थन किया। कोई भी ऐसा नहीं था जो मुसीबत में आशीष को छोड़कर जाना चाहता हो।

"अच्छा, तुम लोग एक काम करो...तुम लोग साइकिल से चलते रहो... हम आशीष को और उसकी साइकिल को अपनी गाड़ी में डाल लेते हैं...कहीं ट्यूब मिल गया तो फिर हम फ़ोन पर बात कर लेंगे।"

मैं जानता था कि हमारे पास छोटी वैगन आर कार है, मैं जानता था कि उसमें सीएनजी किट लगा हुआ है, मैं जानता था कि उसमें हमारा कैमरा और काफ़ी सामान है, मैं ये भी समझ रहा था कि कार के अन्दर साइकिल का समाना मुश्किल है लेकिन उस वक़्त और कोई विकल्प था ही नहीं। मज़दूरों की आँखों में चमक आई। आशीष की भी उम्मीद जगी और हमारी भी। हमने भी मन बना लिया कि ट्यूब पहले अयोध्या शहर में ढूँढ़ेंगे, नहीं मिला तो बस्ती में तलाशेंगे, बस्ती में नहीं मिला तो गोरखपुर में तो मिल ही जाएगा। बड़ा शहर है। और गोरखपुर में भी नहीं मिला तो सहरसा तक साइकिल और आशीष को कार में ले जाएँगे। साइकिल को कार में समाने के प्रयास शुरू हुए। पहले सारा सामान बाहर किया गया। पहले दो प्रयासों से समझ आ गया कि कार वाक़ई छोटी है। आगे-पीछे, सीधा-टेढ़ा करके आख़िरकार साइकिल

कार के अन्दर चली ही गई पर डिक्की बन्द नहीं हो सकती थी और आशीष को पिछली सीट पर बैठकर लगातार साइकिल को कसकर पकड़े रखना था। थोड़ा असुरक्षित मामला था लेकिन और कर अभी क्या सकते थे।

अब हम दो समूह में बँट गए थे। एक समूह में मैं, मानव, आशीष और साइकिल और दूसरा समूह था रितेश और बाक़ी मज़दूरों का। डॉक्यूमेंट्री की शूटिंग का काम हमने रोकने का फ़ैसला किया। फ़िलहाल आशीष की समस्या का समाधान ज़्यादा ज़रूरी था। तय किया कि सबसे पहले अयोध्या में ही ट्यूब की तलाश की जाए। जिस तरह से साइकिल अटकाई गई थी, उसकी वजह से आशीष को बैठने में बहुत दिक़्क़त हो रही थी। लॉकडाउन की वजह से अयोध्या शहर के अन्दर जाने वाला हर रास्ता सील था। हर एंट्री प्वाइंट पर पुलिस तैनात थी। हमने उन्हें कार में लदी आशीष की साइकिल दिखाई। आशीष की मजबूरी बताई। यह भी बताया कि हम पत्रकार हैं और ट्यूब लेकर शहर से बाहर आ जाएँगे। लेकिन कोई भी पुलिस वाला एक पल के लिए भी इनसान बनने को तैयार नहीं हुआ।

"क्या दीवान जी...कम-से-कम राम की नगरी में तो ग़रीब पर थोड़ा दया दिखाइए।" यूपी पुलिस के सिपाही पर मेरी अपील का असर नहीं हुआ।

"और जो हम सस्पेंड हो गए तो हमारे परिवार पर कौन दया दिखाएगा?"

हम लोगों ने कम-से-कम तीन एंट्री प्वाइंट पर कोशिश की। एक जगह तो पुलिस के सिपाहियों को जब कुछ दया आई तो उन्होंने वायरलेस पर आला अफ़सरों से बात भी की। हम यही सोचते रहे कि जिन पुलिस वाले को सब कुछ दिख रहा है, जब वे आँखें मूँदे हुए हैं तो वायरलेस पर सुनने वाले अफ़सरों को क्या दिखाई देगा? अयोध्या ने हमें बहुत मायूस किया। अब बस्ती से ही कुछ उम्मीद थी। बस्ती 57 किलोमीटर दूर था। रास्ते में जहाँ भी किसी दुकान के बाहर टायर देखते हमारी कार अपने आप रुक जाती। क्या पता किसी के पास ट्यूब मिल जाए। हर बार एक उम्मीद और फिर एक निराशा। हमें बिलकुल अन्दाज़ा नहीं था कि हमारी इन्हीं कोशिशों की वजह से हमारे साथ कुछ बेहद अप्रत्याशित होने वाला है। दरअसल हुआ यह कि जब हम बस्ती से क़रीब 20 किलोमीटर पहले हरैंया क़स्बे से गुज़र रहे थे तो हमें एक दुकान

के बाहर बहुत सारे टायर टँगे नज़र आए। दुकान कुछ बड़ी थी और दुकानदार थे तकरीबन सत्तर साल के बुज़ुर्ग कन्हैयालाल। हर बार की तरह हम निराश होकर कार की तरफ़ लौट रहे थे कि हमारे पास एक मोटरसाइकिल आकर रुकी, जिस पर एक पुलिस वाला सवार था। ग़ौर से देखने पर पता चला कि वह यूपी पुलिस का होमगार्ड का जवान था।

"हाँ बताइए! यहाँ कैसे घूम रहे हैं आप?" बाइक रोकते ही होमगार्ड ने सवाल किया।

हमें लगा कि लॉकडाउन में बाहर नहीं निकलने के आदेशों के चलते ये होमगार्ड हमसे पूछताछ कर रहा है।

"हम लोग मीडिया से हैं और ये..."

"वो तो मैं आपसे पूछ ही नहीं रहा...मैं आपसे यह कह रहा था कि आपकी साइकिल में कोई समस्या है क्या?"

होमगार्ड ने मुझे वाक्य पूरा ही नहीं करने दिया।

"हाँ, समस्या तो है पर आपको कैसे पता?"

"मैं तीन-चार किलोमीटर से आपके पीछे हूँ...देख रहा था कि आप साइकिल कार में लादे घूम रहे हैं और हर दुकान पर गाड़ी रोक रहे हैं...पहले तो मुझे लगा कि कोई छोटी-मोटी समस्या होगी लेकिन बाद में लगा कि आप किसी बड़ी मुश्किल में हैं।"

होमगार्ड चार किलोमीटर से हमारे पीछे था। हमारी मदद करना चाह रहा था। यह सोच-सोच कर हम सब हतप्रभ थे और बहुत ख़ुश भी।

"हाँ, मुश्किल तो है...जिसका कोई समाधान लगता नहीं है कि गोरखपुर से पहले हो पाएगा।" निराश भाव से मैंने जवाब दिया।

"समस्या तो बताइए।"

"समस्या यह है कि यह आशीष है। यह ग़ाज़ियाबाद से सहरसा जा रहा है। इसकी साइकिल का ट्यूब फट गया है। इसकी साइकिल स्पोर्ट्स साइकिल है इसलिए इधर कहीं इसका ट्यूब मिल नहीं रहा।"

होमगार्ड ने अपनी बाइक पार्क कर दी और आशीष की साइकिल का मुआयना करने लगा।

"ज़रा साइकिल उतरवाएँ गाड़ी से?"

हमें समझ नहीं आ रहा था कि साइकिल उतरवाकर वह क्या देखेगा, लेकिन उसकी बात मानकर आशीष ने साइकिल उतार दी। होमगार्ड ने अपने मोबाइल से साइकिल की तस्वीर खींच ली और हमारी तरफ़ मुख़ातिब हुआ।

"आप लोग आधा घंटा इन्तज़ार कर सकते हैं क्या?"

"हम समझे नहीं।" हम वाक़ई समझ नहीं पा रहे थे कि होमगार्ड के मन में क्या चल रहा था।

"मैंने साइकिल की फ़ोटो ले ली है। पाँच किलोमीटर दूर साइकिल की एक बड़ी दुकान है...शायद वहाँ इसका ट्यूब मिल जाए।"

होमगार्ड ने हमें उम्मीद बँधाई।

"लेकिन लॉकडाउन में वह दुकान बन्द नहीं होगी क्या?" मैं अभी भी आशंकित था।

"हाँ, मगर यह वर्दी किस दिन काम आएगी?"

इतना कहकर होमगार्ड अपनी मोटरसाइकिल लेकर फुर्र हो गया। हमें कन्हैयालाल की दुकान में इन्तज़ार करना ही उचित लगा। उन्होंने हमारे बैठने के लिए दुकान के बाहर ही एक खाट बिछा दी। बातचीत के दौरान पता चला कि उस होमगार्ड का नाम राजकुमार है और वह कन्हैयालाल का दूसरे नम्बर का बेटा है। जब से लॉकडाउन लगा है, राजकुमार पुलिस की अपनी ड्यूटी पूरी करने के बाद यूँ ही सड़कों पर घूमता रहता है और जो कोई भी मुसीबत में दिखता है, तुरन्त उसकी मदद करता है। कन्हैयालाल ने बताया कि अभी तीन दिन पहले पाँच लोगों के परिवार को रात के दो बजे घर ले आया। परिवार दिल्ली से दरभंगा जा रहा था, रिक्शे से। उन्हें घर लाकर बोला, बच्चे भूखे हैं, रो रहे हैं। पति थक गया है। कुछ खिला दो। थोड़ी देर आराम भी कर लेंगे। अब आप ही बताइए, मेरी दुकान की कमाई दो महीने से ठप है। इसकी ख़ुद की तनख़्वाह आधी आ रही है और रात को दो बजे माँ को जगाकर बोलता है कि पाँच लोगों के लिए खाना बना दो।

"तो खाना बना क्या रात के दो बजे?" राजकुमार के प्रति मेरी जिज्ञासा बढ़ती जा रही थी।

"बनता क्यों नहीं? इसकी माँ बोलती है कि मेरा राजू साक्षात् भगवान राम है। राजू जो बोलेगा वो होगा...उस रात सबके लिए खिचड़ी बनी, फिर खा-पीकर सब यहीं आँगन में सो गए।"

कन्हैयालाल की बात सुनकर साँवले रंग वाले छोटे क़द के राजकुमार का चेहरा मेरी आँखों के आगे घूम गया। वह किसी भी दूसरे इनसान जैसा ही था, पर उसकी भावनाओं से वाक़िफ़ होने के बाद वह मुझे किसी देवदूत-सा लगने लगा। लॉकडाउन के कारण जो परिस्थिति थी, उसमें ट्यूब मिलने की उम्मीद मुझे तो नज़र नहीं आ रही थी, पर अब यह भी लग रहा था कि राजकुमार कहीं न कहीं से ट्यूब ला ही देगा। हम राजकुमार का इन्तज़ार करने लगे।

एक घंटे से ज़्यादा वक़्त बीत चुका था। राजकुमार का न आना आशंका पैदा कर रहा था कि ट्यूब नहीं मिला, इसलिंए वह नहीं लौटा। लेकिन यह भी लग रहा था कि वह अभी भी ट्यूब ढूँढ़ रहा होगा। हम सब इसी उधेड़बुन में थे कि राजकुमार आता नज़र आया। क़रीब पहुँचते ही मुस्कुराते हुए उसने कहा—

"क्या क़िस्मत है आप लोगों की? जिस दुकान से ये ट्यूब मिला उसके पास ये ट्यूब सप्लाई में ग़लती से आ गया था। वो बता रहा था कि ऐसा ट्यूब वो मँगाते ही नहीं हैं क्योंकि यहाँ चलता नहीं है।"

ट्यूब पाकर आशीष एकदम गद्गद था। कोरोना के डर के बावजूद उसने राजकुमार के दोनों हाथ पकड़ लिये और गले लग गया। ट्यूब बदला जा रहा था कि उसी दौरान रितेश का फ़ोन आया। आवाज़ में बहुत उत्साह था।

"सर, आप लोग कहाँ हो? हमें गोरखपुर तक के लिए एक ट्रक मिल गया है।"

"कैसे?"

"सर, हम ट्रक वाले को बोले कि हमारा एक साथी का ट्यूब फट गया है तो वो मान गया।"

सुनकर यक़ीन ही नहीं हुआ कि आज यह क्या हो रहा है। जब सबसे ज़्यादा हताशा घेर रही थी, तभी एक से बढ़कर एक मददगार सामने आ रहे थे। पहले अयोध्या तक ट्रक। फिर राजकुमार और अब यह ट्रक। लग रहा था कि इस हाइवे पर कोई अदृश्य ताक़त इन मज़दूरों के साथ चल रही थी। जो पहले

तकलीफ़ में डालकर इनकी परीक्षा लेती थी और फिर उनकी मुश्किल दूर करती थी। यह सब सचमुच चमत्कार था। इस यात्रा में एक और बात हमने नोटिस की। जिन मज़दूरों को बड़े शहर के बड़े-बड़े घरों में रहने वाले लोगों, अफ़सरों, नेताओं ने ठुकरा दिया था, उन्हें उनके अपने लोग लगातार गले लगा रहे थे।

हरैया से गोरखपुर की दूरी नब्बे किलोमीटर थी। आशीष की साइकिल ठीक हो चुकी थी रितेश के साथ फ़ोन पर तालमेल करके आशीष को भी साइकिल समेत ट्रक पर चढ़ा दिया गया। हमने राजकुमार को कुछ ज़्यादा पैसे देने की कोशिश की पर उसने सिर्फ़ ट्यूब के पैसे लिये और बोला :

"भगवान का दिया सब कुछ है, सर हमारे पास।"

राजकुमार के जज़्बे और उसकी यादों के साथ हम गोरखपुर के लिए बढ़ गए।

ट्रक ने जब मज़दूरों को गोरखपुर की सीमा पर उतारा तो शाम के 7 बजने वाले थे। आज का दिन बहुत अच्छा जा रहा था। आज अभी तक क़रीब 276 किलोमीटर की दूरी पार कर ली गई थी। अब रितेश और उसके साथी अपने राज्य बिहार की सीमा से बस सौ किलोमीटर दूर थे। बिहार सीमा और गोरखपुर के बीच यूपी का ज़िला कुशीनगर पड़ता है। कुशीनगर, भगवान बुद्ध की निर्वाण स्थली, क़रीब 60 किलोमीटर दूर थी। सभी ने तय किया कि अपने राज्य की सीमा के क़रीब पहुँचने के लिए अभी हमें कम-से-कम कुशीनगर तक तो साइकिल चलाना ही चाहिए। यानी चार घंटे और। थकान भी ज़्यादा नहीं थी। सब एक बार में ही तैयार हो गए। अब अपना गाँव-घर क़रीब आता नज़र आ रहा था। रितेश सबसे ज़्यादा ख़ुश था। जब सब कुछ देर चाय के लिए रुके तो रितेश एक नई थ्योरी निकाल लाया।

"आज का जो ये दिन इतना अच्छा जा रहा है...जानते हो इसकी क्या वजह है?"

सबने जिज्ञासा भरी नज़रों से रितेश को देखा।

"इसकी वजह है...जो हमसे कल गलती हुई थी न...वो...उस गलती की वजह से हमारा आज का दिन अच्छा जा रहा है।" रितेश की फ़िलासफी सुनकर सोनू और संदीप हँसने लगे।

"हँस मत सोनू...मैं सच बोल रहा हूँ।"

"कैसे?" यह रामबाबू का सवाल था।

रितेश ने समझाना शुरू किया—

"देखो, कल गलत रास्ते पर जाने की वजह से हमको चार घंटा देर हो गया...चार घंटा देर हुआ तो हम लखनऊ पहुँचे, वहाँ इतना आराम मिला... फिर सुबह पहला ट्रक मिला और अभी दूसरा...सब ग्रहों का खेल होता है...आपको फायदा पहुँचाने के लिए कभी-कभी ग्रह आपका नुकसान भी कराता है।"

"हाँ! जैसे हम लोगों को आज ये दो ट्रक का मजा दिलाने के लिए मोदी जी डेढ़ महीने पहले लॉकडाउन लगा दिए? है ना?" रामबाबू की हाज़िरजवाबी पर सब हँसने लगे।

रितेश कहाँ हार मानने वाला था—

"ठीक है, नहीं मानना है तो मत मानो। पर सच यही है।"

"ठीक है...तो तुम एक गलती और करो...सबका टायर सूआ लेकर पंक्चर कर दो...देखते हैं तुम्हारा इस गलती से क्या फायदा होता है?" एक बार फिर सब हँसने लगे।

पूरी यात्रा में पहली बार उनके बीच चुहलबाज़ी चल रही थी। साफ़ था कि अब सब कम तनाव में थे।

गोरखपुर से आगे बढ़ते ही पुलिस और प्रशासन की कई गाड़ियाँ खड़ी दिखीं। बैरिकेड लगे हुए थे। दोनों तरफ़ पुलिस के जवान तैनात थे। क्या यह कोई नई मुसीबत है? सबका मन आशंकाओं से भर गया। यहाँ भी लम्बी क़तार थी। मज़दूरों की स्क्रीनिंग चल रही थी। इस बार रितेश, रामबाबू और बाक़ी मज़दूर निश्चिन्त थे। मुकेश की तबीयत भी ठीक थी। गोरखपुर प्रशासन ने स्क्रीनिंग के बाद सभी को नाश्ते के पैकेट दिए और

सातों मज़दूरों को पुलिस के हवाले कर दिया। हमें लगा कि चूँकि गोरखपुर सीमा से लगा ज़िला है, अब मज़दूरों को क्वारंटीन किया जाएगा। लेकिन इसके बाद जो हुआ वह कल्पना से परे था। सामने नज़ारा हैरान करने वाला था। पुलिस के सिपाही ट्रक रुकवा रहे थे और मज़दूरों को उसमें बिठवा रहे थे। रितेश, रामबाबू और बाक़ी पाँच लोगों को भी ऐसे ही ट्रक में बैठा दिया गया, जो कुशीनगर से 22 किलोमीटर पहले स्थित हाता क़स्बे तक जा रहा था। मज़दूरों को क़रीब 35 किलोमीटर का सफ़र ट्रक से करने का मौक़ा फिर मिल गया था। यह बेहद राहत और ख़ुशी की बात थी। रितेश ने तो सुझाव भी दे डाला कि अगर सब हिम्मत करें तो आज रात ही बिहार के गोपालगंज पहुँचा जा सकता है।

"देखो, ये मैप बता रहा है कि गोरखपुर से गोपालगंज 122 किलोमीटर है...अभी 35 किलोमीटर ट्रक से हो जाएगा...बाकी का बचा 90 किलोमीटर हम लोग चार घंटे में खींच देंगे...रात 12 बजे तक गोपालगंज...क्या बोलते हो?"

"लेकिन आज ही गोपालगंज पहुँचना इतना जरूरी क्यों है? आज हम तीन सौ किलोमीटर नाप तो दिए हैं।" यह वही मुकेश था, जो दो रात पहले बेहोश हो गया था।

"अरे अपना मिट्टी अपना ही होता है...घरवालों को रात के बारह बजे बताएँगे कि हम लोग बिहार पहुँच गए हैं तो सब लोग कितना ख़ुश होगा।" रितेश का उत्साह चरम पर था।

"वो सब तो ठीक है पर हमको जम नहीं रहा।" मुकेश ने रितेश के उत्साह पर पानी डाल दिया।

"अगर तुम्हारी तबीयत ठीक नहीं है तो फिर कोई बात नहीं...।"

"नहीं, वो बात नहीं है। अगर सब लोग चलने को तैयार हैं तो हमें क्या दिक्कत होगा?" मुकेश ने अब गेंद बाक़ी लोगों के पाले में डाल दी थी। जिस पर सबसे पहले रामबाबू ने प्रतिक्रिया दी—

"रात भर साइकिल चलाने में कोई समस्या नहीं है पर रात को अगर किसी का साइकिल बिगड़ गया तो क्या करेंगे? ये भी सोचना चाहिए।"

रामबाबू ने ऐसी गुगली फेंकी थी, जिसके बाद सब चुप हो गए और

सबको समझ आ गया कि गोपालगंज पहुँचने का कार्यक्रम रद्द हो गया है। रितेश थोड़ा निराश था लेकिन बहुमत के फ़ैसले के आगे क्या किया जा सकता था?

हाता में रात नौ बजे ही जिस तरह का सन्नाटा पसरा था, उससे लग रहा था कि रात के बारह बज रहे हैं। बन्द दुकानों को देखकर कहा जा सकता था कि ये ठीक-ठीक आबाद क़स्बा है। इसके बावजूद कहीं भी खाना मिलने के आसार नहीं थे सबकी राय बनी कि कुशीनगर ज़िला मुख्यालय है, लिहाज़ा रात वहीं बितानी चाहिए और सम्भव है कि वहाँ खाना भी मिल जाए। सिर्फ़ रामबाबू चाहता था कि रात हाता में ही काटी जाए। उसका तर्क था कि आज एक दिन में कम-से-कम तीन दिन की साइकिल यात्रा बच गई है। अब आराम करना चाहिए। खाने को थोड़ा-बहुत सबके पास है। आज ऐसे ही गुज़ारा कर लेते हैं। सुबह पाँच बजे निकल पड़ेंगे। रितेश कुछ और सोच रहा था। उसका कहना था कि अभी सिर्फ़ नौ बजे हैं। हद से हद साढ़े दस बजे तक कुशीनगर पहुँच जाएँगे। उसके बाद बिहार बॉर्डर सिर्फ़ 40 किलोमीटर दूर रह जाएगा। सुबह पाँच बजे निकलेंगे। आठ बजे तक बिहार पहुँच जाएँगे अपनी मिट्टी में। अपनी मिट्टी के लालच ने बाक़ी मज़दूरों को भी कुशीनगर तक चलने का उत्साह दे दिया।

मैं और मानव यह सोचकर कार से आगे बढ़ गए कि कहीं खाने का इन्तज़ाम देखते हैं। मज़दूरों का दल भी चल पड़ा।

हाता से निकलते ही सड़क और सुनसान हो गई। रौशनी भी न के बराबर थी। वे लोग चार किलोमीटर ही चल पाए होंगे कि सोनू की साइकिल परेशान करने लगी। वही पुरानी दिक़्क़त—उसकी चेन कभी सख़्त हो जाती तो कभी उतर जाती। जैसे ही कोई दिक़्क़त होती, रितेश मदद करने आ जाता। उसे एहसास हो चला था कि सोनू की साइकिल की वजह

से अटके तो रामबाबू से सारी गालियाँ उसे ही पड़ने वाली हैं। हरदोई में रास्ता भटकने पर तो रामबाबू ने उसे बचा लिया था लेकिन यहाँ तो उसने रामबाबू से ही पंगा ले लिया था।

ऐसे ही एक मौक़े पर जब सभी लोग सोनू की साइकिल के ठीक होने का इन्तज़ार कर रहे थे कि तीन युवक वहाँ पहुँचे। 21 से 24 साल के बीच उम्र रही होगी उनकी। दिखने में तीनों आसपास के ही लग रहे थे।

"क्या भैया, साइकिल में कोई समस्या आ गया है क्या?" दुबला-पतला दिखने वाला पहला लड़का बोला।

"हाँ...इसका चेन दिक्कत कर रहा है?"

"कहो तो हम देखें क्या?"

नेकी और पूछ-पूछ। रितेश को लगा कि फिर से मददगार आ गए हैं। वह तुरन्त साइकिल से हट गया। पहला लड़का ज़मीन पर बैठ गया और साइकिल की चेन को ऊपर-नीचे करने लगा। मज़दूरों को लगा कि ज़रूर यह कोई जानकार है, जो उसने थोड़ी-देर में यक़ीन करा भी दिया।

"भैया ऐसा है, ये जो तुम्हारी चेन है न...ये हो गई है खत्म। अब इसमें कुछ बचा नहीं है...घिस गई है पूरी...नई चेन लगेगी।"

"तो फिर?" रितेश बेचैन हो गया था।

"करते हैं कुछ व्यवस्था। राकेश जगा होगा क्या?" पहले वाले लड़के ने दूसरे से पूछा।

दूसरा वाला इससे पहले कि कुछ जवाब देता, पहला वाला फिर बोला—

"एक काम कर...राकेश को फ़ोन लगा।"

दूसरे लड़के ने फ़ोन लगा दिया। घंटी जा रही थी। पर फ़ोन उठा नहीं। मज़दूरों की उम्मीद बनने से पहले ही बिखर गई।

"तुम लोग चिन्ता मत करो बिलकुल भी...एक मील अन्दर अपना गाँव है...राकेश की अपनी साइकिल की दुकान है...सो भी रहा होगा तो साले को उठाकर नई चेन लगवा देंगे।"

पहले लड़के के आत्मविश्वास से मज़दूरों ने राहत की साँस ली। लेकिन रामबाबू थोड़ा आशंकित था—

"तुम्हारा दोस्त गाँव में नहीं मिला तो?"

"अरे मिलेगा कैसे नहीं? वो गाँव में ही है। अभी आठ बजे मेरे साथ तो खाना खाया था।" थोड़ा थुलथुल-सा दिखने वाला तीसरा लड़का पहली बार बोला।

रामबाबू को हाइवे छोड़कर गाँव जाने का आइडिया जम नहीं रहा था। एक तो देरी होगी, ऊपर से अनजान लोग। वह ख़ुद झुककर साइकिल की चेन पकड़कर देखने लगा।

"10-12 किलोमीटर तो अभी चल जाएगी।" रामबाबू ने ख़ुद को भी तसल्ली देने की कोशिश की और उन अनजान लोगों से भी पूछा।

"नहीं चलेगी भैया...बाक़ी तुम्हारी मर्ज़ी...हमने तो परेशानी में देखा... इसलिए चले आए।" पहला लड़का बोला।

रामबाबू असमंजस में था। उसने सबकी तरफ़ देखा। किसी के चेहरे पर कुछ नहीं लिखा था। पर फ़ैसला तो लेना ही था।

"चलो कोई नहीं...हम आगे बढ़ते हैं भाईसाहब...अभी बहुत देर हो गई है..इतनी रात में जाएँगे फिर आएँगे...बहुत देर हो जाएगी...क्यों रितेश?" उसने अपने फ़ैसले पर रितेश की मुहर लगाने के इरादे से पूछा।

रितेश पहले से ही अपने फ़ैसले को लेकर अपराधबोध में था, इसलिए इस बार वह जोखिम नहीं लेना चाहता था।

"जैसा तुम्हें ठीक लगे। आगे बढ़ते हैं।"

"और रास्ते में चेन टूट गया तो?" यह आशीष था जो दिन में सब कुछ झेल चुका था।

"अरे भैया...तुम लोग पंचायत करो। हम लोग चल रहे हैं।" पहला लड़का बोला और जाने लगा। उसके पीछे बाक़ी दो भी चल पड़े।

"अरे, रुको भाई...तुम लोगों का गाँव एक किलोमीटर ही दूर है ना?" रामबाबू ने पीछे से आवाज़ दी।

"हाँ भैया।" दूसरे लड़के के इस आश्वासन के बाद सारे मज़दूर उन तीन लड़कों के पीछे हाइवे से नीचे एक छोटी सड़क पर उतर गए। चूँकि वे तीनों लड़के पैदल चल रहे थे तो इन्हें भी पैदल ही चलना था। रामबाबू

मन-ही-मन प्रार्थना कर रहा था कि उसका फ़ैसला सही साबित हो। रितेश यह सोचकर तसल्ली में था कि इस बार उस पर कोई बात नहीं आएगी। दोनों अपनी-अपनी जगह सही थे।

पाँच मिनट चलने के बाद रास्ता और सुनसान हो गया। छोटी सड़क के बाद तीनों लड़के अब सभी सात मज़दूरों को खेत के कच्चे रास्ते पर ले आए थे और पेड़ों के झुरमुट की तरफ़ ले जा रहे थे। दूर-दूर तक कोई आवाज़ नहीं। गाँव-देहात में सुनाई देने वाली कुत्तों की आवाज़ भी नहीं। रामबाबू को कुछ शक होने लगा—

"भैया...यहाँ तो आसपास कोई गाँव नजर नहीं आ रहा।"

"अरे है भई...वो जो सामने जंगल-सा दिख रहा है ना, उसके पीछे है।" पहले लड़के ने इशारे से दिखाने की कोशिश की।

"लेकिन दिखाई तो नहीं दे रहा है।"

"हाँ, लाइट कटी हुई है न गाँव की, इसलिए।"

रामबाबू का शक बढ़ता जा रहा था। उसे सब कुछ ठीक नहीं लग रहा था। उसने इशारे से रितेश को समझाने की कोशिश की पर वह समझ नहीं पाया।

"भैया...ऐसा है...हम इससे आगे नहीं जा रहे। चेन टूटेगी तो हम पैदल चले चलेंगे।" रामबाबू रुक गया था। उसके साथ बाक़ी भी वहीं जम गए।

"भाई साहब कैसी बात कर रहे हो तुम? दो मिनट की बात और है। उस जंगल के पीछे ही गाँव है। इतनी दूर तो आ गए हो...अब अपना काम करा ही लो।" इस बार दूसरा लड़का मैदान में उतरा।

"क्या बोलते हो रितेश? आशीष?" रामबाबू अब ख़ुद फ़ैसला नहीं लेना चाहता था।

"दो-चार मिनट तो और चलना है, चलकर देख लेते हैं।"

आशीष के फ़ैसले पर अमल किया गया। जिससे रामबाबू ख़ुश नहीं था। तीनों लड़के आगे थे। उनके ठीक पीछे रामबाबू और उसके पीछे बाक़ी मज़दूर। रामबाबू की नज़रें चारों तरफ़ दौड़ रही थीं। उसे लग रहा कि ज़रूर यह कोई लूटपाट वाला गिरोह है, जिसके बाक़ी सदस्य थोड़ी देर में इशारा

मिलते ही आते होंगे। फिर ये हमें लूट लेंगे। लेकिन फिर रामबाबू को अपनी ही आशंका ग़लत भी लगने लगी। उसने ख़ुद को समझाया कि कोई गिरोह होता तो आसपास कुछ तो हलचल दिखती। दूसरा उसका सोचना था कि इस वक़्त तो हमारी ख़ुद की हालत भिखारियों से बदतर है। कोई हमें क्या लूटेगा? उसने ख़ुद को तसल्ली दी और निश्चिन्त होकर आगे बढ़ता रहा। अब ये सारे लोग पेड़ों के उस झुरमुट तक पहुँच गए थे, जिसे इतनी देर से जंगल भी कहा जा रहा था।

"गाँव तो कहीं दिख नहीं रहा भैया!" रितेश ने कहा और वह आसपास के इलाक़े का जायज़ा लेने लगा।

"अरे ये तो रहा गाँव...ये देखो।" ये कहते हुए पहला लड़का रितेश के बेहद पास आया और उसने रितेश की कमर से कोई चीज़ सटा दी।

"दिखा गाँव?" पहला लड़का फिर बोला। रितेश की हालत ख़राब थी। उसके पैर काँपने लगे। अभी तक बाक़ी किसी को अन्दाज़ा भी नहीं था कि क्या हो रहा है। उन्हें लगा कि पहला लड़का सच में रितेश को गाँव दिखा रहा है। और फिर पहले लड़के, जो उस गिरोह का सरगना लग रहा था, ने ऐलान कर दिया—

"ऐसा है भैया...मैंने तुम्हारे इस लेबर की गाँड़ में तमंचा सटा दिया है...।"

रामबाबू और बाक़ी मज़दूरों को काटो तो ख़ून नहीं। रामबाबू की आशंका सही साबित हुई। वह अपने फ़ैसले पर पछतावा करने लगा। पर उसे समझ नहीं आ रहा था कि ये बदमाश उन सबसे लूटेंगे क्या? जिसका जवाब गिरोह के सरगना के पास ही था—

"यहाँ न कोई आबादी है...न कोई आदमी, सड़क यहाँ से डेढ़ किलोमीटर दूर है...ये तो तुम लोगों को बुझाता है न...इसलिए सारा आदमी अपना-अपना साइकिल यहीं पर छोड़ दो और चुपचाप निकल जाओ।"

रामबाबू के पैरों के नीचे से ज़मीन ही खिसक गई थी।

"और मोबाइल फोन भी।" तीसरा लड़का बोला।

"भैया, हम लोग तो गरीब मजदूर हैं, लॉकडाउन में गाजियाबाद में तंग आकर बिहार के लिए निकले थे, हम लोगों से आप लोगों को क्या मिलेगा?"

रामबाबू ने हाथ जोड़ लिये।

"हम लोग कौन सा टाटा-बिरला हैं भैया...हम लोग भी तो गरीब ही हैं। अब ज्यादा मत बोलो...चुपचाप चले जाओ यहाँ से। हम किसी को नुकसान नहीं पहुँचाएँगे।" सरगना ने फ़रमान सुनाया।

"भैया जी, कम-से-कम हमारा साइकिल तो छोड़ दो। साइकिल भी आप लोग रख लेंगे तो हम सहरसा कैसे जाएँगे...ये लो मेरा मोबाइल रख लो।" आशीष आगे बढ़ा और उसने अपना फ़ोन ज़मीन पर रख दिया।

"अब बस-ट्रक सब खुल गया है, समाचार में आया था आज। चलो-चलो, जल्दी करो। भागो यहाँ से।" तीसरे लड़के ने रोबदार आवाज़ में कहा।

"भैया जी...ये सब हमारा पुराना साइकिल है...सेकेंड हैंड खरीदा था... पुराना साइकिल लेकर आपको क्या मिलेगा?" आशीष फिर गिड़गिड़ाया।

यह सुनते ही अब तक चुप दूसरा लड़का चिल्लाया—

"पुराना साइकिल लेकर क्या मिलेगा? एक साइकिल से पाँच सौ रुपए भी मिलेगा तो पैंतीस सौ रुपया हो जाएगा। कम-से-कम तीनों के घर का एक महीना का आटा-चावल तो आएगा। साला डेढ़ महीने से एक रुपया का भी कमाई नहीं हुआ है...अब जल्दी भागो यहाँ से...नहीं तो यह तमंचा चला देगा।"

यह सुनकर सारे मज़दूर हैरान थे। लेकिन रितेश का दिमाग़ कहीं और ही चलने लगा। उसने अँधेरे में सामने खड़े दोनों लड़कों के चेहरे ग़ौर से देखने की कोशिश की और फिर बोला—

"ये सच में गोली चला देगा?"

"हाँ, भोसड़ी के चला दूँगा।" रितेश के पीछे खड़ा सरगना चिल्लाया।

"ठीक है तो चला गोली।" रितेश ने चुनौती दी।

रामबाबू बुरी तरह घबरा गया—

"नहीं भैया, नहीं...गोली मत चलाना। हम सब साइकिल छोड़कर जा रहे हैं...चलो-चलो...चलो रितेश।"

लेकिन रितेश अब कहाँ सुनने वाला था—

"नहीं...कोई साइकिल छोड़कर नहीं जाएगा...गोली चला भैया।"

रितेश के रुख़ से मज़दूर भी हैरान थे और वे तीन लड़के भी। रितेश ने फिर चुनौती दी—

"चला न गोली। चला...चलाता क्यों नहीं?"

रामबाबू और अन्य मज़दूरों के पास कोई रास्ता नहीं था। वे सब इन्तज़ार कर रहे थे कि गोली बस चलने ही वाली है। इसके बाद रितेश धीरे से आगे बढ़ा और उस गिरोह के सरगना की तरफ़ पलटा—

"गोली क्यों नहीं चलाए भैया?"

सरगना चुप रहा। रामबाबू को कुछ समझ नहीं आ रहा था कि हो क्या रहा है। रितेश ने सामने खड़े दोनों लड़कों से कहा—

"बोलो न इसको गोली चलाने के लिए।"

रामबाबू रितेश की बदतमीज़ी से तंग आ चुका था। वह चिल्लाया—

"चुप कर रितेश। चुप कर। वो गोली चला देगा।"

"ये गोली चला ही नहीं सकता रामबाबू। इसके पास न तमंचा है और न गोली है।"

"क्या मतलब?" रामबाबू एकदम स्तब्ध था।

वे तीनों लड़के चुप थे। रितेश ने पूरा मंच सँभाल लिया था। वह पहले लड़के के पास गया और उसके हाथ से वो चीज़ ले ली।

"ये लोग कोई गुंडा-बदमाश नहीं हैं रामबाबू। ये देखो, दिवाली का बच्चों का पिस्तौल से हमको डरा रहा था। ये हमारा-तुम्हारा जैसा मेहनत-मजूरी करने वाला लोग है।"

"हाँ...ये ठीक बोल रहा है।" पहले लड़के का सिर झुक गया था।

"लेकिन तुम यह सब समझे कैसे रितेश?" आशीष की जिज्ञासा चरम पर थी।

रितेश अब दूसरे लड़के के पास पहुँच गया पर उसका बोलना जारी रहा—

"भैया, क्या नाम है तुम्हारा?"

"अनिल कुमार।"

"दरअसल ये अनिल कुमार जब बोला न कि डेढ़ महीना से कोई कमाई नहीं हुआ है तो हम तभी समझ गए कि ये तीनों कुछ भी हो सकते हैं पर

बदमाश नहीं हो सकते। हम ये भी सोचे कि जिसके पास खाने को पैसा नहीं, वो तमंचा कहाँ से लाएगा? गोली कहाँ से खरीदेगा? बस फिर हम पीठ पर सटाया हुआ ये खिलौना को समझने लगे और रिस्क लिये और बोल दिए कि गोली चला।"

रामबाबू ने राहत की साँस ली। बाज़ी पलट चुकी थी। तीनों लड़कों ने कोई प्रतिरोध नहीं किया। करते भी कैसे? सात के सामने तीन कैसे टिक सकते थे?

"भैया, ये चोरी-छिनैती काहे करते हो? एक बार अपराधी बन गए तो फिर पटरी में नहीं आ पाओगे।" रामबाबू ने अपनी उम्र का फ़ायदा उठाते हुए तीनों को समझाने की कोशिश की।

"क्या करते भैया। घर में बहुत समस्या हो गया है। किसके आगे हाथ फैलाते? हाथ फैलाने से भी आज के टाइम में कौन मदद करता है? तो सोचा एक बार ये करके देख लेते हैं...एकाध महीने में लॉकडाउन खुल जाएगा तो फिर मेहनत-मजूरी कर लेंगे।"

"और तुम लोग काम क्या करते थे?"

"मैं ऑटो चलाता था...एक महीने से सब बन्द है। ये अनिल पेंटर का काम करता है और वो बबलू लखनऊ में गार्ड की नौकरी करता था।" पहला लड़का बहुत धीरे से बोला।

"और तुम्हारा नाम क्या हुआ भाई जी?" आशीष ने पूछा।

"मेरा नाम, अक्षय कुमार।"

"अक्षय कुमार? वो फिल्म वाला हीरो?" रामबाबू ने जैसे ही पूछा, सब मुस्कुराने लगे। अचानक माहौल हल्का हो गया।

"कहाँ हीरो? आज तो गुंडा बन गया था।" अक्षय के चेहरे पर पश्चात्ताप था। लेकिन उसे कैसे ज़ाहिर करना है, यह वह समझ नहीं पा रहा था।

"तुम लोगों को ठीक लगे तो आज की रात हमारे गाँव में ही रुक जाओ। सुबह साइकिल ठीक करा के निकल जाना। गाँव पास में ही है। मैं सच बोल रहा हूँ।"

रामबाबू को एहसास था कि अब वह सच बोल रहा है और अफ़सोस

की आग में जल रहा है। लेकिन रामबाबू अब रुकना नहीं चाहता था। सातों मज़दूर बिना समय गँवाए वहाँ से निकल गए। हाँ, उन्होंने उन तीनों लड़कों को अपने झोलों से मूढ़ी-चना निकालकर ज़रूर दे दिया। रास्ते भर सभी मज़दूर अपने-अपने इष्टदेव को धन्यवाद कर रहे थे और साइकिल के बिना आगे के सफ़र की कल्पना तक करके सिहर जा रहे थे। किसी को यक़ीन नहीं हो रहा था कि उस दूसरे लड़के अनिल की बात सुनकर रितेश ने अन्दाज़ा लगा लिया था कि उनके पास कोई तमंचा नहीं है।

"कभी-कभी भगवान आपको अन्दर से आवाज देता है। मैं तो बस इतना बोलूँगा कि उस टाइम भगवान कहीं से आ गए थे।" रितेश की इतनी-सी सफ़ाई होती।

"और सच में तमंचा होता तो?" सोनू ने पूछा।

"तो गोली खा लेता और क्या करता?"

"साला मेरा तो अभी भी सोच-सोच के फट जा रहा है कि हम लोग कहाँ फँस गए थे...मुझे तो अब वो रात याद आ रही है जब मैं साइकिल उठाने निकला था...वो भी तो मजबूरी था और ये लोगों का भी मजबूरी ही था।" आमतौर पर चुप रहने वाला कृष्णा पहली बार बोला।

"मजबूरी हो या चाहे जो हो। गलत गलत होता है।" रामबाबू की बात सुनकर कृष्णा चुप हो गया। वह जानता था कि ग़ाज़ियाबाद में उस रात रामबाबू उस पर बहुत नाराज़ हुआ था। तब रामबाबू ने उससे कहा था—

"हम गरीब हैं, ये हमारा अपराध हो सकता है। लेकिन हम गरीब हैं, इसलिए अपराधी नहीं हो सकते।"

नेशनल हाइवे पर आने के बाद सुकून था और सबने गति भी पकड़ ली थी। बस सोनू की साइकिल को लेकर सबके मन में डर था। उसे सबसे आगे रखा गया ताकि जैसे ही चेन ख़राब हो तो सबको पता चल जाए। लेकिन संयोग ऐसा कि उसके बाद एक बार भी दिक़्क़त नहीं हुई। पूरा सफ़र आराम से कट गया। रात के 11 बजे जब ये लोग कुशीनगर पहुँचे तो हमें पूरा क़िस्सा बताया

गया। हम हैरान थे और बहुत नाराज़ भी। नाराज़ इसलिए कि इतना कुछ हो गया और इन लोगों ने बताना भी ज़रूरी नहीं समझा?

"सर, हम एक बार सोचे थे कि आपको फोन करके बताएँ। फिर हम सोचे कि हम लोगों की वजह से आप पहले से इतना परेशान हैं तो आपको और परेशान नहीं करना चाहिए।" रितेश ने सफ़ाई दी।

"ये क्या बात हुई? बताना चाहिए था ना। तुरन्त पुलिस को बताते।"

"पुलिस में बताकर क्या होता, सर? मरा हुआ आदमी को पुलिस और मारता। उससे हमको क्या मिलता?"

उस वक़्त रामबाबू ने मेरा दिल जीत लिया। मेरे पास कहने को कुछ नहीं था। हाँ, एक अफ़सोस ज़रूर था कि इतनी बड़ी घटना डॉक्यूमेंट्री का हिस्सा नहीं बन सकी। फिर ये सोचकर ख़ुद को तसल्ली दी कि अगर हम मज़दूरों के साथ चल रहे होते तो ये घटना होती ही नहीं। शायद इसीलिए ज़िन्दगी के बहुत सारे सच कभी डॉक्यूमेंट नहीं हो पाते। इस घटना ने हमारी पूरी यात्रा को एक नया ही आयाम दे दिया। मैं सोचने को विवश हो गया कि क्या इस महामारी और लॉकडाउन ने कोरोना से भी ख़ौफ़नाक वायरस को तो जन्म नहीं दे दिया है? वायरस अमानवीयता का। वायरस इनसानियत के ख़ात्मे का। कल्पना से परे था कि छोटे शहर, छोटे क़स्बे, छोटे गाँव के सीधे-सादे, ग़रीब मज़दूर लोग अपने से भी भोले-भाले ग़रीब मज़दूरों को लूट रहे हैं? कुशीनगर से ठीक पहले जिस जगह हमने सातों मज़दूरों को बुलाया था, वहाँ एक स्वयंसेवी संस्था की तरफ़ से नि:शुल्क भोजन का कैम्प लगा था। वहाँ हम यह जानकर हैरान हो गए कि लॉकडाउन के बाद इस हाइवे पर लूट और छीना-झपटी की घटनाएँ चार गुना बढ़ गई हैं। पुलिस के रिकॉर्ड में शायद ही कोई घटना दर्ज़ हुई क्योंकि यह लूटपाट साइकिल से या पैदल जा रहे मज़दूरों के साथ ही हो रही थी। खाना खाते हुए रितेश और रामबाबू ने जब यह सब सुना तो उनकी आँखों के सामने एक घंटे पहले का सारा मंज़र घूम गया।

खाना खाने के बाद आगे बढ़ने का मतलब नहीं था। सड़क किनारे एक दुकान के बाहर लगे टीन शेड के नीचे सातों मज़दूरों ने अपनी-अपनी चादर

बिछाई और कुछ ही क्षणों में ऐसे लगा मानो धरती ने सभी को अपने आँचल में समेट लिया हो। आसपास दर्जनों कुत्तों का शोर था। बीच-बीच में सड़क से गुज़रते ट्रकों के बेमतलब बज रहे कानफोड़ू हॉर्न की चीख़ थी। लेकिन थकान के आगे ये सारा शोर बेमानी हो चुका था। मैंने घड़ी देखी। रात के बारह बजने वाले थे। अन्तरराष्ट्रीय मज़दूर दिवस ख़त्म होने वाला था। यात्रा की पाँचवीं रात ये मज़दूर सहरसा से बहुत अधिक दूर नहीं थे। बिहार की सीमा बस 49 किलोमीटर आगे थी।

8

जिसकी उम्मीद नहीं थी

छठा दिन : 2 मई, 2020

सहरसा
347 किलोमीटर

छठे दिन को लेकर रितेश की पूरी योजना तैयार थी कि आज हर हाल में 210 किलोमीटर की दूरी तय करते हुए मुज़फ़्फ़रपुर तक पहुँचना है। चाहे साइकिल से या ट्रक की मदद से। उसका साफ़ मानना था कि रात तक मुज़फ़्फ़रपुर पहुँच गए तो सातवें दिन शाम तक सब अपने-अपने घर पर होंगे क्योंकि मुज़फ़्फ़रपुर से सहरसा क़रीब 150 किलोमीटर है। फ़िलहाल पहला लक्ष्य था कि तीन घंटे में बिहार सीमा। बिहार सीमा सिर्फ़ 49 किलोमीटर दूर–इस बात ने मज़दूरों को दोगुने जोश से भर दिया था। सुबह छह बजे तक सब अपनी साइकिल के साथ तैयार थे। आशीष, संदीप और कृष्णा ने तो घरवालों को फ़ोन करके बता भी दिया था कि वो कल शाम गाँव पहुँच जाएँगे। मनपसन्द खाने की फ़रमाइश भी फ़ोन पर कर दी गई थी। फ़ोन से याद आया कि इस पूरी यात्रा के दौरान ये सभी मज़दूर हमारी कार में लगे चार्जर से अपना मोबाइल चार्ज कर रहे थे। वैसे इस मोबाइल चार्जिंग के दौरान एकाध बड़े दिलचस्प क़िस्से भी हुए। एक बार रामबाबू का फ़ोन चार्ज के दौरान बजने लगा। हमें लगा कि एकाध बार बजकर बन्द हो जाएगा। पर उस दिन तो हद हो गई। हर दो मिनट बाद फिर फ़ोन बजने लगता। रामबाबू की निजता का ख़याल रखते हुए हमने एक बार भी कॉलर का नाम नहीं देखा। लेकिन जब लगातार फ़ोन आने लगा तो कॉलर के नाम पर नज़र दौड़ाई गई। लिखा था–मेरी जान। अब मेरी जान कौन हो सकता है? हमने अन्दाज़ा लगाया कि रामबाबू की पत्नी ही होगी और कोई ज़रूरी बात करना चाहती होगी। कुछ देर बाद फ़ोन फिर बजा।

हमें लगा कि इस बार भी 'मेरी जान' ही होगी। लेकिन अबकी बार स्क्रीन पर लिखा आ रहा था 'मेरी मालकिन'। अब हम भ्रम में थे कि 'मेरी जान' अगर पत्नी है तो 'मेरी मालकिन' कौन है और 'मेरी मालकिन' अगर पत्नी है तो 'मेरी जान' कौन है? इस रहस्य से पर्दा उठाने के लिए फ़ोन उठाना ज़रूरी था और फ़ोन उठाने का मतलब था रामबाबू की निजता में दख़ल देना। लिहाज़ा लगातार फ़ोन बजते रहने के बावजूद हमने फ़ोन नहीं उठाया। बाद में जब रामबाबू फ़ोन लेने आया तो हमने उसे बता दिया कि तुम्हारा फ़ोन लगातार बज रहा था। उसके तुरन्त कान खड़े हुए। उसने मोबाइल की स्क्रीन पर देखा और धीरे से बोला–"घरवाले चिन्ता कर रहे हैं ना।"

इसके आगे बात बढ़ाकर सच जानने की शरारत ज़रूर सूझ रही थी लेकिन पूछा कैसे जाए? हमने नहीं पूछा। रहस्य बना रहा। कुछ घंटों बाद रामबाबू की बैटरी जब दोबारा ख़त्म हो गई तो उसने हमें फिर से अपना फ़ोन चार्ज के लिए दिया। दो घंटे की चार्जिंग के बाद रामबाबू का फ़ोन फिर बजने लगा इस बार भी वही पुराना सिलसिला। पहले चार कॉल 'मेरी जान' से और फिर दस मिनट के अन्तराल के बाद तीन कॉल मेरी मालकिन से। अब यह रहस्य बड़ा दिलचस्प होता जा रहा था और इसका रहस्य सामने आना बहुत ज़रूरी था।

"रामबाबू फ़ोन बहुत आ रहे हैं तुम्हारे। घर में सब ठीक?" मानव से रहा नहीं गया।

"हाँ भाई साहब, बस यही पूछने के लिए घरवाले बार-बार फोन करते हैं कि कहाँ पहुँचे?"

"लेकिन नम्बर पर तो कुछ और लिखा आ रहा था। कभी 'मेरी जान' तो कभी 'मेरी मालकिन'।"

साहस को दुस्साहस में बदला जा चुका था। रामबाबू शरमा गया।

"अरे, सर...हमारी जो घरवाली है ना, जब तक उससे तीन घंटे में एक बार बात न करो तो वो चैन नहीं पाती है।"

"घरवाली कितनी रखे हो रामबाबू?" रामबाबू अब और शरमा गया।

"घरवाली तो एक ही है, सर! नम्बर दो हैं उसके पास।"

"और नाम भी दो अलग-अलग आ रहा था मोबाइल पर?"

"जी, सर...एक नम्बर शादी के टाइम का है और एक नम्बर मुफ़्त वाला जियो का अभी हाल ही में दिलाए थे...तो अलग-अलग नाम से फीड कर लिए।"

'मेरी जान' और 'मेरी मालकिन' के रहस्य से पर्दा हट चुका था। हम बहुत हँसे। बहुत देर तक हँसे। देश के हर मर्द की शायद यही कहानी होगी। शादी के शुरुआती दिनों में पत्नी 'मेरी जान' और शादी को जब दस-बारह साल हो जाएँ तो 'मेरी मालकिन'।

सुबह के दस बजने वाले थे। साइकिल चलाते हुए चार घंटे हो गए थे। बीच में आधा घंटा चला गया सोनू की साइकिल ठीक कराने में। बिहार की सीमा अब बस दो किलोमीटर दूर थी। मज़दूरों को तो क्या हमें ख़ुद यक़ीन नहीं हो रहा था कि हमारी आँखों के सामने उन लोगों ने इतनी विषम परिस्थितियों में नौ सौ किलोमीटर की यात्रा पूरी कर ली है। और फिर बिहार सीमा के अन्दर प्रवेश करते ही हमारी आँखों के सामने जो मंज़र था वो बयान करना मुश्किल है। मज़दूर आपस में गले मिल रहे थे। चीख़ रहे थे। ख़ुशी से चिल्ला रहे थे। सबकी आँखें नम थीं। लग ही नहीं रहा था कि ये लोग अपने ही देश के एक राज्य से दूसरे राज्य पहुँचे हैं। चेहरे पर ख़ुशी और संतोष की चमक किसी विश्वविजेता से कम की नहीं थी। समझ लीजिए बिलकुल वैसी ही ख़ुशी जैसी क्रिकेट वर्ल्ड कप जीतने के बाद धोनी और टीम को हुई थी। उससे न कम, न ज़्यादा। बिहार सीमा पार करके ये लोग जब पाँच किलोमीटर ही चले होंगे कि सामने एक बहुत बड़ा चैक पोस्ट था। बिहार पुलिस के जवान और अफ़सरों से वो पूरा चैक पोस्ट घिरा हुआ था। मज़दूरों को देखते ही पुलिस के जवानों ने सभी को रोक दिया। साइकिल से उतरने को कह दिया और आदेश सुनाया कि सारे मज़दूर उनके पीछे-पीछे चलें। आज्ञाकारी बच्चों की तरह मज़दूर पुलिस के पीछे चल रहे थे और कुछ ही देर में मज़दूरों की आँखें फटी की फटी रह गईं। वे अपने जैसे हज़ारों मज़दूरों के समंदर के बीचोबीच थे। इस बात से एकदम बेख़बर कि इस समंदर में तो अभी बड़ा तूफ़ान आने वाला है।

मेरा बिहार, अपना बिहार, हमारा बिहार। गोरखपुर पहुँचने के बाद तक़रीबन सारे मज़दूर यही रट लगा रहे थे। बस कैसे भी सभी को जल्दी से जल्दी वतन की मिट्टी को छूना था। उसे चूमना था। बिहार सीमा के अन्दर आने के बाद सभी को यह विश्वास भी था कि अपने राज्य में आते ही सब कुछ ठीक हो जाएगा। अब तक हुई नाइंसाफ़ी और ज़्यादती को भूलकर वह सब ख़ुद को जन्मभूमि की गोद में सौंप देना चाहते थे। यूपी की सीमा पार करने के बाद जब आशीष की माँ का फ़ोन आया था तो उसने कहा था कि बड़ी माँ आज मिल गई है, छोटी माँ से मैं कल मिल लूँगा। उसकी माँ को यक़ीन नहीं हो रहा था कि उसका बेटा बिहार की धरती में आ चुका है। यक़ीन दिलाने के लिए उसने व्हाट्सएप के ज़रिए माँ को उस चैक पोस्ट से तस्वीर भी भेजी। उसे चैक पोस्ट कहें या हज़ारों मज़दूरों का मेला। लाल और पीले रंग के बड़े-बड़े शामियाने लगे हुए थे। सरकारी अफ़सरों और पुलिस की चहल-पहल थी। सैकड़ों मज़दूर ज़मीन पर पड़े हुए थे। कुछ बेमक़सद टहल रहे थे। चारों तरफ़ बच्चों की चिल्ला-पों थी। जहाँ बच्चे दिखते वहाँ महिलाएँ भी थीं। कुछ महिलाओं को देखकर हमने अन्दाज़ा लगाया कि वे गर्भवती हैं। हमारी समझ में यह नहीं आ रहा था कि ये सब जहाँ-तहाँ ऐसे क्यों पड़े हैं? बिहार के गोपालगंज ज़िले के कुचायकोट इलाक़े में पड़ने वाला ये चैक पोस्ट वैसे तो पुलिस, राजस्व और आबकारी विभाग का एक संयुक्त चैक पोस्ट रहा है।

आज ये चैक पोस्ट एकदम अलग दिख रहा था। मज़दूरों से रहा नहीं गया।

"भैया...यहाँ क्या हो रहा है और हमें कहाँ ले जा रहे हो?" रितेश ने साथ चल रहे पुलिस वाले से पूछा।

"शान्ति से चलते रहो, सब पता चल जाएगा।" पुलिस वाले ने बेरुख़ी से जवाब दिया।

"अरे कुछ तो बता दो भाई साहब।"

इस बार पुलिस वाले ने कोई जवाब नहीं दिया। कुछ दूर और चलने के बाद वो रुक गया।

"अपनी साइकिलें यहाँ लगाकर बैठ जाओ। साहब आएँगे और बताएँगे कि आगे क्या करना है।"

"हम लोगों ने सुबह से कुछ खाया नहीं है...यहाँ कोई व्यवस्था है क्या?"

"अभी साहब आएँगे।" इतना बोलकर वह सिपाही चला गया।

आगे क्या करना है? आगे क्या होगा? यह सवाल मज़दूरों को परेशान कर रहा था।

रितेश ने देखा कि पंडाल के एक कोने में एक लाइन में कई टेबल लगी हुई हैं। हर टेबल के पीछे बिहार के ज़िलों का नाम है और हर टेबल पर तीन सरकारी कर्मचारी बैठे हैं। सहरसा से लेकर समस्तीपुर, बरौनी से लेकर बेगूसराय तक–हर ज़िले का नाम दिख रहा था। जब रितेश को कुछ समझ नहीं आया तो वह पास ही में लेटे एक मज़दूर के पास चला गया।

"भाई, यहाँ क्या हो रहा है?"

"यहाँ कुछ नहीं हो रहा है। बस चूतिया बना रहे हैं भोसड़ी वाले।"

रितेश ने देखा कि वो मज़दूर तो पहले से ही एकदम भन्नाया हुआ है।

"क्या मतलब?"

"मेरे को पूर्णिया जाना है। कल शाम से पड़ा हूँ यहाँ पर। पर जाने ही नहीं दे रहे।"

"लेकिन क्यों?" रितेश की जिज्ञासा बढ़ती जा रही थी।

सवाल सुनते ही वह मज़दूर बरस पड़ा—

"जाकर पूछो न उन मादरचो... से।"

रितेश ने देखा कि उस मज़दूर ने अलग-अलग काउंटर की तरफ़ इशारा किया। रितेश को समझ आ गया था कि इस मज़दूर को और कुरेदने का फ़ायदा नहीं है। कहीं वह अपना ग़ुस्सा रितेश पर ही न निकाल दे। काउंटर पर बैठे सरकारी कर्मचारियों के पास जाने से पहले रितेश ने एक और मज़दूर से बात करना बेहतर समझा। वह मज़दूर परिवार के साथ ज़मीन पर लेटा था। पत्नी और दो बच्चे। दोनों बच्चे बुरी तरह रो रहे थे। 20-22 साल की उसकी पत्नी किसी तरह बच्चों को सँभालने की कोशिश कर रही थी। एक को गोद में बिठाती तो दूसरा फिसल जाता। पत्नी के संघर्ष से अनजान वो मज़दूर बेसुध ज़मीन पर पड़ा था।

"सुनो भई...कहाँ से आ रहे हो तुम लोग?" रितेश की आवाज़ में संकोच

था। इसके बावजूद मज़दूर उठ गया।

"गाजियाबाद से।" ग़ाज़ियाबाद सुनते ही रितेश चहक गया।

"अच्छा, गाजियाबाद से? गाजियाबाद में कहाँ से?

"साहिबाबाद से...साइकिल फैक्टरी में काम करता था। फैक्टरी बन्द हो गया।"

"हम भी गाजियाबाद से आ रहे हैं। साइकिल से। तुम गाजियाबाद से कैसे आए यहाँ?"

"हम लोग तो कभी पैदल चला, कभी ट्रक, कभी बस...यही सब।"

"और कितना दिन में पहुँचा यहाँ?"

"आज आठवाँ दिन है।"

"बाप रे...आठ दिन...दो बच्चों के साथ?"

"क्या करते भैया? और कोई रास्ता था हम लोगों के पास?"

इस सवाल का जवाब रितेश से बेहतर और कौन समझता था। पर वह चुप रहा।

"यहाँ से तुम कहाँ जाओगे?" मज़दूर ने रितेश से पूछा।

"हम लोग तो सात लोग हैं...सहरसा जाना है, और तुम?"

"हमको कैमूर जाना है।"

"तो जा क्यों नहीं रहे हो? यहाँ लेटे काहे हो?" रितेश अब उस सवाल पर आ गया था, जिसका जवाब जानने में उसकी सबसे ज़्यादा दिलचस्पी थी।

"अरे, कैमूर जाने का बस आएगा तब तो जाएँगे ना?"

"मतलब? मतलब मैं समझा नहीं?" रितेश बेचैन हो रहा था।

"ये लोग यहाँ पर क्या कर रहा है कि जो भी लेबर बाहर से आ रहा है, उसको रोक दे रहा है। उसके बाद यहाँ सबका कोरोना का जाँच कर रहा है और जाँच करने के बाद जिसका जो ज़िला है, उसको उस ज़िला का बस में बैठाकर भेज रहा है।"

"तो तुम्हारा ज़िला का बस कहाँ है?"

"बस खड़ा है उधर, नम्बर दिया है हमको।"

"तो जाओ बस में बैठो और जाओ कैमूर।"

"अरे, ऐसे थोड़े न बस चल जाएगा। ये लोग बोल रहा है कि जब खगड़िया जाने वाला 60-70 आदमी हो जाएगा। तब बस चलेगा। अभी मैंने पूछा था तो मेरे को बताया कि चालीस आदमी हो गया है। एक-दो घंटे में अपना नम्बर आ जाएगा।"

रितेश को अब जाकर पूरा माजरा समझ आया। लेकिन इस बात ने उसकी बेचैनी बढ़ा दी।

"और तुम यहाँ पहुँचे कब थे?"

"आज सुबह सात बजे।"

"और जिसके पास अपना साधन है, जैसे हमारे पास साइकिल है तो उसका क्या कर रहे हैं?"

"साइकिल है या रिक्शा है या कुछ भी है, यहाँ से सब कोई बस में ही जाएगा।"

रितेश ने देखा कि उसके पीछे रामबाबू, आशीष और संदीप खड़े हैं। सबको एहसास हो गया था कि वो लोग फँस चुके हैं। वो पूर्णिया वाला कल से फँसा है, ये मज़दूर परिवार सहित आज सुबह से फँसा है। पता नहीं सहरसा जाने वाली बस का क्या हाल होगा? कब उसमें 60-70 मज़दूर भरेंगे? अब ये सब पता करना ज़रूरी था।

चारों मज़दूर सरकारी काउंटर की तरफ़ बढ़ ही रहे थे कि संदीप ने ऐसा सवाल किया, जिसके बाद सभी के क़दम यकायक रुक गए।

"एक बार हमारा नाम वहाँ सरकारी रिकॉर्ड में चढ़ गया तो फिर हम भी लटक जाएँगे। क्यों न पहले ये देख लिया जाए कि सहरसा के लिए कोई बस है या नहीं? और अगर है तो कितनी सवारी तैयार है?"

संदीप की बात में वाक़ई दम था। सबने यही माना। तो पहले बस के बारे में पता किया जाए। बाईं तरफ़ नज़र दौड़ाई तो बड़े से मैदान में एक क़तार में दर्जनों बस खड़ी थीं। सबके क़दम अपने आप उसी तरफ़ मुड़ गए। कृष्णा, सोनू और मुकेश भी उनके पीछे हो लिए।

बस स्टैंड पर पहुँचते ही उन्होंने एक-एक बस का मुआयना शुरू किया।

मोतिहारी, मुज़फ़्फ़रपुर, वैशाली, पटना, समस्तीपुर, बरौनी, बेतिया, अररिया, आरा, भोजपुर, दरभंगा, जमुई, मधेपुरा, कैमूर समेत तक़रीबन हर ज़िले के लिए बस दिख गई थी। सिर्फ सहरसा की बस नज़र नहीं आ रही थी और ये सबके लिए चिन्ता का कारण था। रामबाबू ने बसों के आसपास खड़े ड्राइवर से पूछताछ की तो पता चला कि सहरसा के लिए फ़िलहाल कोई बस नहीं है। आगे कब आएगी, आएगी कि नहीं आएगी, यह भी किसी को जानकारी नहीं है।

तुरन्त आपस में विचार-विमर्श किया गया। नतीजा एक ही निकला कि सब लोग मुसीबत में फँस गए हैं। सरकारी व्यवस्था के भरोसे रहेंगे तो हो सकता है कि दो-तीन दिन यहीं अटके रह जाएँ। तो क्या किया जाए? यही सवाल अब सबसे बड़ा था।

"ब्रजघाट में जब हम यूपी पुलिस से बचकर निकल सकते हैं तो यह तो अपना राज्य है, अपना गाँव है...यहाँ हमें कोई कैसे रोकेगा?"

"क्या मतलब हुआ इसका?" रामबाबू के सुझाव पर रितेश चौंक पड़ा।

"इसका मतलब ये हुआ कि हम जैसे गाजियाबाद से यहाँ तक आए हैं, वैसे ही यहाँ से सहरसा तक जाएँगे।"

"लेकिन यहाँ तो बहुत पुलिस वाला है?" आशीष का सवाल महत्त्वपूर्ण था।

"सही बोल रहा है रामबाबू, जब हम लोगों ने गाजियाबाद, गंगा नदी पर ब्रजघाट पार कर लिया तो ये क्या चीज है?" रामबाबू को रितेश का समर्थन मिल गया।

"तो यहाँ से निकलेंगे कैसे इतना पुलिस के सामने से?"

"अरे, कोई तो नाला-नाली का रास्ता होगा...देखते हैं। कुछ तो मिलेगा।" रितेश ने सोनू की चिन्ता का जवाब दिया।

"लेकिन हमारे विचार से ये गलत है। अगर यहाँ से बिहार सरकार तुम लोगों को अपने संरक्षण में ले रही है तो तुम्हें अब यह सब सोचना नहीं चाहिए।"

मुझे उनके इरादे ठीक नहीं लग रहे थे। लिहाज़ा मुझे लगा कि हस्तक्षेप किया जाना चाहिए। हालाँकि मुझे एहसास था कि इन लोगों के तर्कों या कुतर्कों का मेरे पास कोई जवाब नहीं होगा और आख़िरकार वही हुआ।

"और, सर, हम लोग बस का इन्तजार में दो-तीन दिन यहीं फँसा रह गया तो?"

"अरे ऐसा कुछ नहीं होगा...एक बार जाकर पता तो करो कि सहरसा की बस कब आएगी?"

"पता करने गए तो हम सब धरे जाएँगे, सर!"

"और ऐसे चोरी-छिपे जाते हुए धरे गए तो?

"तब पुलिस जो बोलेगी, हम कर लेंगे। कोरोना के टाइम में अन्दर तो नहीं करेगी।"

मुझे एहसास था कि इससे ज़्यादा मेरा कहना ठीक नहीं होगा। इसलिए मैं चुप हो गया। फ़ैसला हो गया था कि सातों मज़दूर सरकारी व्यवस्था के भरोसे रहने के बजाय साइकिल से ही आगे बढ़ेंगे।

एक किनारे साइकिल छोड़कर रामबाबू, रितेश और संदीप रेकी के लिए निकल पड़े। मुख्य सड़क पर तो पूरी बैरिकेडिंग थी और पुलिस के कम-से-कम दो दर्जन जवान। जाँच किए बिना गाड़ी तो क्या एक आदमी भी नहीं जा पा रहा था। वैसा भी वहाँ बाहर से आया एक भी आदमी नहीं दिख रहा था। जिन लोगों को जाँच करके जाने दिया जा रहा था, वे दरअसल आसपास के ही स्थानीय लोग थे। दिल्ली, पंजाब, हरियाणा, राजस्थान से आए किसी भी व्यक्ति को पैदल या साइकिल से जाने की बिलकुल इजाज़त नहीं थी।

रामबाबू, रितेश समझ चुके थे कि पुलिस की आँख में धूल झोंकना नामुमकिन है। एक ही तरीक़ा था–बैरिकेड के बाईं तरफ़ सौ मीटर की दूरी पर घनी झाड़ियों के बीच जो कँटीली तार लगी हुई थी। उसको पार करके आगे बढ़ा जा सकता था। तय हुआ कि एक बार में सिर्फ़ दो लोग आगे बढ़ेंगे। तार के पास पहुँचने के बाद पहला आदमी पार जाएगा। दूसरा आदमी साइकिल उठाकर देगा और जब दोनों साइकिलें निकल जाएँगी तो वह भी कँटीली तार पार कर लेगा। सबसे पहले रामबाबू और संदीप आगे बढ़े। रितेश का काम था दूर से पुलिस पर नज़र रखना। आशीष को यह आइडिया जम नहीं रहा

था। लेकिन बहुमत से फ़ैसला हो चुका था। उसकी नज़र बहुत सँभलकर आगे बढ़ रहे रामबाबू और संदीप पर थी। वैसे भी उस पूरे इलाक़े में सैकड़ों मज़दूर इधर-उधर टहल रहे थे, इसलिए शक की गुंजाइश कम ही थी। पर एक हिस्सा ऐसा भी था, जो एकदम सुनसान था। यह हिस्सा बस चालीस-पचास मीटर का ही था। यानी मुश्किल से 15-20 सेकेंड की ही बात थी। रामबाबू और संदीप अब उसी सुनसान इलाक़े से गुज़र रहे थे। आशीष की धड़कन बढ़ गई थी। उसकी आशंका ग़लत साबित हुई। दोनों ने आराम से कँटीली तार पार कर ली। अब सोनू और मुकेश की बारी थी। इन दोनों को भी ख़ास दिक़्क़त नहीं हुई। आख़िरी ग्रुप में रितेश, कृष्णा और आशीष थे। आशीष सबसे पीछे चल रहा था। वह वाक़ई बहुत घबराया हुआ था। उसके पैर लगातार काँप रहे थे। साफ़ था कि उसके दिलोदिमाग़ में ब्रजघाट पर हुई पिटाई अब तक ताज़ा थी। उसे लग रहा था कि यहाँ भी पुलिस ने पकड़ लिया तो ख़ैर नहीं। जब वह सुनसान जगह पहुँचा तो उसकी घबराहट चरम पर थी। वह कभी दाएँ देखता, कभी बाएँ तो कभी पीछे और तभी एक आवाज़ आई और आशीष के होश उड़ गए।

"ऐ रुको! कहाँ जा रहे हो तुम लोग?"

आशीष ने मुड़कर देखा। बिहार पुलिस के तीन जवान और एक सब इंस्पेक्टर उनकी तरफ़ भागते हुए आ रहे थे। वे सब फँस चुके थे। रामबाबू और रितेश की योजना फेल हो गई थी। पुलिस ने पार जा चुके चारों मज़दूरों को भी वापस बुला लिया।

"क्या बाबू, ज्यादा होशियारी चढ़ा है का तुम लोगों को?"

सबसे आगे खड़े सब इंस्पेक्टर का चेहरा तमतमाया हुआ था। आशीष बस इन्तज़ार में था कि किसी भी वक़्त लाठीचार्ज शुरू हो सकता है।

"नहीं...गलती हो गया। माफ कर दीजिए।" आशीष ने तुरन्त सरेंडर कर दिया।

"जब तुम लोगों के लिए सरकार बस की व्यवस्था की है तो ये सब हरकत क्यों कर रहे हो?"

"बस तो है ही नहीं।" रितेश ने जवाब दिया।

"कौन बोला बस नहीं है।" सब इंस्पेक्टर ने पूछा।

"हम लोग खुद पता किए थे। सहरसा के लिए कोई बस ही नहीं है।"

"चलो मेरे साथ...देखते हैं कैसे बस नहीं है सहरसा के लिए?"

और फिर वे सब इंस्पेक्टर के पीछे चल पड़े। योजना नाकाम होने की निराशा थी। साथ ही तसल्ली भी थी कि कम-से-कम पिटाई तो नहीं हुई। कुछ ही देर में वे सातों मज़दूर पुलिस के साथ सहरसा के काउंटर के सामने खड़े थे।

"क्यों जी? सहरसा के लिए कोई बस नहीं है क्या?" सब इंस्पेक्टर ने पूछा।

सरकारी कर्मचारी काग़ज़ की तरफ़ देखने लगा और बोला—

"है तो सही...ये नम्बर लिखिए। बी आर जीरो वन।"

"बस तो है। तुमको कौन बोला कि बस नहीं है?" सब इंस्पेक्टर की नज़रें अब मज़दूरों पर थीं।

"लेकिन जब हम अभी पूछने गए थे तो वहाँ ड्राइवर लोग बोला कि सहरसा के लिए कोई बस नहीं है।" रितेश ने सफ़ाई दी।

"अरे ड्राइवर लोगों को कुछ बुझाता है क्या? दरोगा साहब! वो क्या है... मधेपुरा और सहरसा का दूरी 25 किलोमीटर है। सवारी कम था, इसलिए हम दिमाग लगाए और दोनों जिलों का सवारी मिला दिये।" बोलने के बाद वह सरकारी कर्मचारी सब इंस्पेक्टर की तरफ़ ऐसे देख रहा था मानो शाबाशी का इन्तज़ार कर रहा हो।

यह सुनते ही रितेश और रामबाबू को एहसास हो गया था कि आज वे सब कितनी बड़ी ग़लती करने जा रहे थे।

"बस कितने बजे छूटेगा?"

रामबाबू ने धीरे से पूछा।

सरकारी कर्मचारी ने फिर काग़ज़ में देखा और कहा—

"साढ़े ग्यारह बजे...आधा घंटे बाद।"

"तो जाओ बस में बैठो।" इतना कहकर पुलिस सब इंस्पेक्टर सिपाहियों के साथ लौट गया। मज़दूर भी पलटे ही थे कि पीछे से सरकारी कर्मचारी की आवाज़ आई।

"का बबुआ...जाँच कराए बगैर बस में बैठोगे क्या?"

यह सुनते ही मज़दूरों को एहसास हुआ कि उन्होंने अपनी स्क्रीनिंग तो करवाई ही नहीं। सभी लोग तुरन्त लाइन में लग गए। आशीष को एक सवाल परेशान कर रहा था, जो उसने सरकारी कर्मचारी से पूछ ही लिया।

"तो, सर ये बस हमको सहरसा तक छोड़ेगी तो हम लोगों का साइकिल का क्या होगा?"

"साइकिल तुम लोग छत पर डाल देना, और क्या?"

"और, सर, हम सब लोग सुबह से कुछ खाए भी नहीं हैं।"

"कुछ-न-कुछ व्यवस्था तो होना चाहिए ना" उस कर्मचारी ने अपने पास बैठे साथी से पूछा, जिसने कोई जवाब देना ज़रूरी नहीं समझा। उसके पास जवाब था ही नहीं।

"यहाँ भी कुछ दिख नहीं रहा है, सर।" आशीष ने फिर पूछा।

"तुम लोगों के बस के साथ पुलिस का दो सिपाही जा रहा है...यहाँ कुछ नहीं हुआ तो हमारे विचार से रास्ते में कुछ-न-कुछ व्यवस्था होगी...क्यों यादव जी?" उस कर्मचारी ने दोबारा अपने साथी से पूछा।

"हाँ, होना तो चाहिए।" यादव जी ने ऐसे जवाब दिया जैसे जवाब देकर वे बहुत बड़ा उपकार कर रहे हों।

साढ़े ग्यारह बजे बस खुलने का समय दिया गया था। दोपहर के एक बजने वाले थे। कहा गया था कि बस में दो सिपाही होंगे। वहाँ एक ही दिख रहा था। नेमप्लेट पर रामकुमार लिखा था। सातों साइकिल बस की छत पर चढ़ाई जा चुकी थीं। सहरसा की दूरी तक़रीबन 280 किलोमीटर रह गई थी। अनुमान लगाया गया कि पचास किलोमीटर प्रति घंटा की रफ़्तार से भी बस चली तो शाम सात बजे तक सहरसा और उसके बाद 28 किलोमीटर तक की मोहनपुर गाँव की दूरी साइकिल से दो घंटे में नाप ली जाएगी। हद से हद रात 10 बजे तक घर। मज़दूरों ने घर फ़ोन करके नए कार्यक्रम के बारे में बता भी दिया और खाने की फ़रमाइश भी कर दी। रामबाबू का गाँव तो समस्तीपुर ज़िले में पड़ता था लेकिन उसने

फ़ैसला किया कि वह कुछ दिन मोहनपुर में ही रितेश के साथ रहेगा और फिर अपने गाँव जाएगा।

पूरी बस खचाखच भरी थी। 52 सीटर बस में कम-से-कम 60 लोग थे। कोई देखकर बता ही नहीं सकता था कि दुनिया भर में कोरोना महामारी फैली हुई है और उसी कोरोना की वजह से लॉकडाउन के बाद यह हालत है कि यहाँ न किसी को मास्क की फ़िक्र है और न सामाजिक दूरी की। सभी लोग चिपककर बैठे हुए थे। कोई पान मसाला चबा रहा था तो दूसरी खिड़की से कोई मसाले की पीक बहा रहा था। ठीक डेढ़ बजे बस उस चैक पोस्ट से निकली। हमने तय किया कि कुछ देर हमें भी बस के अन्दर रहकर शूट करना चाहिए। बस में बैठे कई मज़दूर ऐसे थे जो एक रात पहले यहाँ आ गए थे खाना अभी तक किसी को नहीं मिला था।

बस चलते ही मज़दूरों के बीच कानाफूसी शुरू हो गई कि खाना तो मिला नहीं। रितेश और रामबाबू कहाँ चुप रहने वाले थे। वे सीधे सिपाही रामकुमार के पास पहुँच गए।

"अरे भाई साहब, कुछ खाने-पीने की व्यवस्था है हम लोगों के लिए? हमने सुबह से कुछ खाया नहीं है।" रितेश ने यह पूछा ही था कि पीछे से आवाज़ आई।

"हम लोगों ने तो कल रात से कुछ नहीं खाया है।"

सिपाही रामकुमार के पास कोई जवाब नहीं था। वह खिड़की के बाहर देखने लगा।

"अरे भाई साहब, कुछ तो बोलो।" इस बार रामबाबू ने पूछा।

"हमें कोई जानकारी नहीं है।" बेरुख़ी से जवाब देकर सिपाही फिर बाहर देखने लगा।

"जानकारी नहीं है? ये क्या बात हुई? हमको उधर चेक पोस्ट में बताया था कि बस में खाना मिलेगा।"

"कौन बताया था?"

"नाम तो पता नहीं पर वो जो चश्मा वाला बैठा था, वो बोला था।"

"तो फिर उसी से पूछो।" सिपाही का यह जवाब सुनते ही रितेश भड़क गया और वह बाक़ी मज़दूरों को उकसाने लगा।

"अरे, सुने तुम लोग? ये बोल रहे हैं कि खाना नहीं मिलेगा।"

"ये मैंने कब बोला? मैंने कहा, हमको जानकारी नहीं है।"

तब तक चार-पाँच मज़दूर और ड्राइवर सीट के पास उस जगह पहुँच गए, जहाँ सिपाही बैठा था। सवाल पूछे जाने लगे। शोर होने लगा।

"तो खाना कब मिलेगा?"

"कुछ तो व्यवस्था होनी चाहिए थी ना।"

"बताइए, कल से कुछ नहीं खाया है।"

"कोई व्यवस्था नहीं है तो हमें बस से उतार दो।"

हंगामा बढ़ता देख ड्राइवर ने बस रोक दी।

"भैया तुम लोग ये सब बवाल करोगे तो बस नहीं चलेगा।"

"हाँ, ठीक है। मत चलाओ। अच्छी बात है।" रामबाबू भी आगे आ गया था।

"अरे सिपाही जी...कुछ तो बताओ इन लोगों को।" ड्राइवर ने सिपाही से कहा।

"हम क्या बोलें? हमको तो जानकारी नहीं है। आगे देखते हैं साहब लोग से पूछेंगे।"

"ठीक है। हो गया समाधान। साहब लोग से पूछकर बताया जाएगा। चलो अपना-अपना सीट पर बैठो अब।"

ड्राइवर ने संकट को ख़त्म करने का ऐलान किया।

"इनसे कहो न कि अभी के अभी बात करें।" रितेश अभी भी अड़ा हुआ था।

"अरे, तुम बैठो तो भई। बोला न ये बात करेंगे।" ड्राइवर ने फिर सिपाही का बचाव किया। रितेश ने देखा कि बाक़ी लोग बैठ गए हैं तो वह भी चुप रहा।

दोपहर तीन बजे तक बस गोपालगंज ज़िले को पीछे छोड़कर आगे बढ़ चुकी थी। बिहार की सड़कें वाक़ई अच्छी नज़र आ रही थीं। सड़क ख़ाली होने की वजह से बस को अच्छी रफ़्तार भी मिल रही थी। हमने अनुमान लगाया कि यही रफ़्तार रही तो रात आठ बजे तक सहरसा पहुँच सकते हैं। पर अनुमान

और वास्तविकता में फ़र्क़ होता है। मुज़फ़्फ़रपुर ज़िले की सीमा पर बस को रोक लिया गया। कोरोना की भयावहता को देखते हुए यहाँ भी मज़दूरों की स्क्रीनिंग होनी थी। मज़दूरों को बस से उतार दिया गया। सबको एक क़तार में खड़ा कर दिया गया। उम्मीद बँधी कि स्क्रीनिंग के बाद ज़रूर कुछ-न-कुछ खाने को दिया जाएगा। स्क्रीनिंग पूरी हुई तो सिपाही रामकुमार का आदेश आया।

"चलो बैठो, बस चलने वाली है।"

"और हम लोगों के लिए खाना?" रामबाबू ने तुरन्त सवाल किया।

दस-बारह मज़दूर और जमा हो गए। रामकुमार जानता था कि सबको अकेले सँभालना उसके बस की बात नहीं है। वह बैरिकेड के पास खड़े एक सब इंस्पेक्टर के पास गया और उससे बात करने लगा। मज़दूरों को लगा कि उनके लिए भोजन के बारे में ही बात हो रही है। कुछ देर बाद वह सब इंस्पेक्टर मज़दूरों के पास आकर बोला, "देखिए...ये अभी बताया है आप लोगों के भोजन के बारे में...तो हम पता किए हैं...यहाँ से 60-70 किलोमीटर आगे ऐसा ही एक कैम्प लगा है, वहाँ सरकार पूरा व्यवस्था की है। हर चीज का। किसी को कोई समस्या नहीं होगी।

70 किलोमीटर। हद से हद डेढ़ घंटा। यानी पाँच बजे तक खाने को कुछ-न-कुछ मिल ही जाएगा। मज़दूरों ने ख़ुद को समझाया और सब बस में बैठ गए। हम लोग भी निश्चिन्त हो गए कि चलो कुछ तो इन्तज़ाम हो ही गया।

अब हम बस पर नहीं थे। बस के अन्दर का सीन शूट करके हम अपनी कार में थे। हमने तय किया कि हम भी कुछ खा लेते हैं और सौ किलोमीटर बाद बस का इन्तज़ार करते हैं। खाना तो हमें भी कहीं नहीं मिला लेकिन हमने बिस्किट और जूस से काम चला लिया। इस दौरान रितेश के मोबाइल की लाइव लोकेशन हमेशा ऑन रहती थी ताकि हमें पता चलता रहे कि वे लोग कहाँ हैं। शाम छह बजे के आसपास मज़दूरों की बस दरभंगा के सिंहवारा में तेल भराने के लिए रुकी। तब तक हम लोग भी वहाँ पहुँच चुके थे। सारे मज़दूर बस के बाहर थे। मुकेश और संदीप नहीं दिख रहे थे। मैंने रितेश से दोनों के बारे में पूछा तो पता चला कि दोनों की तबीयत ख़राब हो गई है। बेहोशी की हालत में बस में पड़े हैं।

"अरे क्यों? क्या हो गया?" मैं घबरा गया।

"ये लोग खाने को कुछ दिए ही नहीं।" रितेश ने बताया।

"क्या बात कर रहे हो? वो पुलिस वाला बोला था, एक कैम्प में खाना मिलेगा।"

"झूठ बोला था, सर, कोई कैम्प ही नहीं आया है अभी तक रास्ते में।"

यह सब सुनकर हम लोग सकते में थे। हमें यक़ीन नहीं हो रहा था कि यह सब हम अपनी आँखों से देख रहे हैं। पहले भेड़-बकरी की तरह सबको बस में ठूँस दिया। फिर न कोई खाने का इन्तज़ाम, न पीने की व्यवस्था और ऊपर से लगातार झूठ। और यह सब मज़दूरों के साथ, उनके अपने राज्य में हो रहा था जो पता नहीं कितनी तकलीफ़ सहकर यहाँ तक पहुँचे थे। जानवरों की तरह जो सुलूक इनके साथ दिल्ली, मुम्बई, अहमदाबाद, पुणे, हैदराबाद जैसे बड़े शहरों ने किया, वही सुलूक इनके साथ इनका अपना राज्य कर रहा था।

सिपाही रामकुमार से पूछा तो उसका सीधा सा जवाब था–

"हम तो वरिष्ठ अधिकारी को बता दिए थे कि सब लोग भूखा है तो वो हमको बोले थे कि आगे व्यवस्था की गई है।"

"पर व्यवस्था तो कहीं कुछ नहीं है।" मैंने पूछा।

"हाँ...वो तो हम भी देख रहे हैं, सर।"

"और रास्ते में कोई मर गया तो? किसकी ज़िम्मेदारी होगी? बताओ?"

"अब हम क्या बताएँ सर? हम भी सुबह से ख़ाली पेट ड्यूटी कर रहे हैं। बस ये है कि हम अपना तकलीफ़ बताकर गाली-गलौज नहीं कर सकते।"

अब सिपाही रामकुमार ने हमें ही नहीं, सारे मज़दूरों को भी नि:शब्द कर दिया था।

बस के अन्दर गए तो देखा, न सिर्फ़ मुकेश और संदीप बल्कि दो और मज़दूर बेसुध पड़े थे। हमने सिपाही रामकुमार को हालात की गम्भीरता बताई और कहा कि वह तुरन्त वायरलेस पर ज़िला मुख्यालय में सूचित करे। राम कुमार ने बताया कि उसके पास वायरलेस नहीं है।

"क्या? तुम 60-70 मजदूरों को लेकर जा रहे हो और तुम्हारे पास वायरलेस तक नहीं है?"

"हमको तो यह भी पता नहीं था कि हमें सहरसा जाना है। हमारे पास तो बदलने के लिए कपड़ा तक नहीं है।"

बिहार पुलिस की बदहाली की यह तस्वीर हमें बिलकुल भी चौंका नहीं रही थी। अख़बारों और टीवी में बिना जूते, बिना कैप, बिना बेल्ट की बिहार पुलिस हम दर्जनों बार देख चुके थे। हैरानी की बात यह थी कि कोरोना की वजह से लॉकडाउन को लगे 45 दिन हो चुके थे, लाखों की तादाद में मज़दूरों का पलायन हो रहा था, इसके बावजूद सरकार की तरफ़ से अपने एक सिपाही को वायरलेस तक नहीं दिया गया था।

"अच्छा मोबाइल फ़ोन तो होगा ना?"

"हाँ, सर!"

"तो मिलाओ नम्बर और बताओ यहाँ के बारे में।"

"दो बार किए थे। कोई फोन उठा नहीं रहा है।"

हमें समझ आ गया था कि यहाँ और माथा पीटने का फ़ायदा नहीं है। हम लोग बस से उतर गए। अब हमें ही कुछ करना था। सबसे पहले देखना था कि खाने का तुरन्त इन्तज़ाम क्या हो सकता है? शाम का सात बजने वाले थे। कुछ मिलने की उम्मीद न के बराबर थी। फिर भी कोशिश करने में क्या बुराई थी? हम कोशिश करते रहे। सब कुछ बन्द मिला। बस चार-पाँच किलोमीटर की दूरी पर एकाध परचून की दुकान खुली मिलती थी। अब और समय गँवाने का अर्थ नहीं था। हमने तय किया कि सबके लिए कम-से-कम बिस्किट के पैकेट और जूस तो ले ही लेते हैं। लेकिन ऐसा करने में भी दिक़्क़त थी। बिहार के छोटे क़स्बों की परचून की दुकान पर एक साथ बिस्किट और जूस के 70 पैकेट मिलना असम्भव ही था। लिहाज़ा हमें कम-से-कम चार दुकानों पर रुककर यह सब बटोरना पड़ा। जब सारी व्यवस्था हो गई तो हमने बस रुकवाकर सारा सामान अन्दर पहुँचा दिया। ख़ुशी तो नहीं थी। बस एक तसल्ली थी कि चलो घंटों इन्तज़ार के बाद मज़दूरों को कुछ तो मिला। रितेश को बता दिया था कि मुकेश, संदीप और बाक़ी बीमार मज़दूरों को दो-दो पैकेट दे दिए जाएँ। हमने अपनी कार बस के पीछे लगा ली।

अब उम्मीद यही थी कि दो-तीन घंटे में सहरसा पहुँच जाएँ तो शायद

मज़दूरों को ढंग का भरपेट भोजन मिल जाए। लेकिन यकायक हमने महसूस किया कि ख़राब सड़क की वजह से बस की रफ़्तार कम हो गई है और गूगल मैप अब सहरसा पहुँचने का समय रात बारह बजे दिखा रहा था। मतलब कम-से-कम चार घंटे का यात्रा और लम्बी हो गई थी। कहाँ हम दिन में अनुमान लगा रहे थे कि रात नौ-दस बजे तक सहरसा पहुँच जाएँगे। समझ नहीं आया कि यह क्या हुआ। बस ख़ुद को इतना समझाया कि गूगल मैप हर वक़्त ठीक नहीं होता। रात ग्यारह बजे के आसपास गूगल मैप सहरसा पहुँचने का समय 12 बजे दिखाते-दिखाते अचानक एक बजे दिखाने लगा। इस बार ज़्यादा हैरान होने की बात थी।

तुरन्त रितेश को फ़ोन लगाया गया। रितेश ने बताया कि बस पहले मधेपुरा जाएगी, वहाँ क़रीब 30 मज़दूरों को उतारेगी, उसके बाद सहरसा जाएगी। अब हमें एहसास हुआ कि वह खेल दरअसल पूरी रात का है। मधेपुरा ज़िले का नाम आते ही ज़ेहन में इतिहास के वो चंद पन्ने घूमने लगे जब इस इलाक़े में मौर्य वंश का साम्राज्य था। कहा जाता है कि चूँकि इस इलाक़े में भगवान कृष्ण, जिन्हें प्यार से माधव भी कहा जाता है, उनके वंशज सबसे ज़्यादा हैं, इसलिए इस ज़िले को माधवपुर कहा गया, जो बाद में मधेपुरा हो गया। बिहार जब देश की राजनीति का केन्द्र बना तो यह यादव जाति के वोटों का ही असर था कि मधेपुरा के बारे में कहावत गढ़ी गई–रोम पोप का, मधेपुरा गोप का यानी यादवों का। और इसी मधेपुरा में लोकसभा चुनावों में दो बड़े दिग्गजों लालू प्रसाद यादव और शरद यादव की टक्कर भला कौन भूल सकता था। जिस मधेपुरा का ऐसा इतिहास रहा हो, क्या वहाँ मज़दूरों को खाने के लिए कुछ नहीं मिलेगा? हमारी प्राथमिक चिन्ता उस वक़्त यही थी।

रात एक बजे जब बस मधेपुरा पहुँची तो तक़रीबन सभी मज़दूर गहरी नींद में थे। उन्हें देखकर कौन कह सकता था कि ये सारे 12-15 घंटे से भूखे हैं। छोटी-छोटी सड़कों से गुज़रने के बाद बस एक चौराहे पर रोक दी गई। दूर-दूर तक इनसान तो क्या, उसकी परछाईं भी नहीं दिख रही थी। सिपाही

रामकुमार बस से उतर गया और फ़ोन मिलाने लगा। पाँचवीं बार में दूसरी तरफ़ से फ़ोन उठा।

"हैल्लो, सर! जयहिंद, सर! मैं कॉन्स्टेबल रामकुमार। गोपालगंज से प्रवासी मज़दूरों की बस लाया हूँ...हैल्लो...मैं ये कह रहा था कि प्रवासी मज़दूरों की बस लाया हूँ, सर, गोपालगंज सीमा से।"

रामकुमार कुछ देर दूसरी तरफ़ से आती आवाज़ सुनता रहा और फिर फ़ोन कट गया।

"क्या हुआ?" मैंने पूछा।

"कह रहे हैं, तो मैं क्या करूँ?"

"कौन था फ़ोन पर?"

"कोई साहब थे।"

रामकुमार अब अलग नम्बर मिलाने लगा। हमारे लिए अब कुछ भी आश्चर्य का कारण नहीं रह गया था। 12 घंटे की यात्रा के बाद मज़दूरों से भरी एक बस पहुँची है और पुलिस अफ़सर, सिपाही से कह रहा है, तो मैं क्या करूँ?

"जयहिंद, सर! कॉन्स्टेबल रामकुमार बोल रहा हूँ, सर...गोपालगंज से आया हूँ, सर! आपसे बात हुई थी न?"

दूसरी तरफ़ से क्या कहा गया, हम नहीं सुन पाए। कुछ पल बाद जब उसने फ़ोन रखा तो हमने फिर पूछा—

"क्या हुआ?"

"बोल रहे हैं कि कोई आता होगा। इन्तजार करो।"

धीरे-धीरे मज़दूर जगने लगे थे। कुछ खिड़की से बाहर झाँक रहे थे। समझने की कोशिश कर रहे थे कि कहाँ पहुँचे हैं।

"सहरसा आ गया क्या?" कृष्णा ने पूछा।

"ये मधेपुरा है अभी।"

कृष्णा ने देखा कि रितेश, रामबाबू, आशीष भी अब खिड़की से बाहर झाँक रहे हैं। तभी दाईं ओर से एक सब इंस्पेक्टर और एक सिपाही बस की तरफ़ आते हुए नज़र आए। सबकी नज़रें उन दोनों पर ही टिकी थीं।

"हाँ भई, रामकुमार तुम ही हो न जी।" दरोग़ा ने आते ही रुआब दिखाने की कोशिश की। रामकुमार ने नेम प्लेट पर पढ़ा। हृदय लाल नाम लिखा था। रामकुमार ने धीरे से हाँ में सिर हिलाया।

"कितना आदमी होगा जी मधेपुरा का?"

"कम-से-कम तीस तो होंगे, सर।" रामकुमार ने बताया।

"ठीक है, दू सौ मीटर आगे एक गोलम्बर है, उधर से राइट मारते ही एक स्टेडियम आएगा...सबको वहीं उतार दो, वहीं पर सबका इन्तजाम किया है प्रशासन ने।"

सब इंस्पेक्टर हृदय लाल ने अपनी बात पूरी की ही थी कि खिड़की से झाँक रहा रितेश चिल्लाया—

"सर, हम लोगों का खाने का व्यवस्था कहाँ पर है?"

रितेश का सवाल सुनकर हृदय लाल ऐसे चौंके जैसे आउट ऑफ सिलेबस कोई सवाल आ गया हो। पर उनके जवाब में मिठास थी। शायद उन्हें हमारे क़ैमरे की ख़बर थी।

"क्या बोले बाबू?"

"सर, हम बोले कि हम लोगों का खाने का व्यवस्था कहाँ पर है?"

"क्या जी? ये व्यवस्था हम लोगों को करना था क्या?" दरोग़ा हृदय लाल ने साथ खड़े रामकुमार से पूछा।

"सर, हम तो फोन पर साहब को बताए थे कि सब लोग भूखा है सुबह से।"

तभी खिड़की से एक मज़दूर की आवाज़ आई, वह बहुत ग़ुस्से में था।

"हम लोग आठ दिन से चल रहा है सर, हरियाणा से, और क़ल रात से कुछ नहीं खाया है, ये बिहार है कि जंगल है साला!"

यह सुनते ही हृदय लाल भड़क गये।

"आठ दिन से नहीं खाया है तो आज बिहार में आकर काहे रो रहे हो?"

हमें अपने कानों पर यक़ीन नहीं हो रहा था कि क़ैमरे की मौजूदगी में बिहार पुलिस का एक सब इंस्पेक्टर 12 घंटे से भूखे मज़दूरों के साथ इतनी संवेदनहीनता दिखा रहा था। हमसे रहा नहीं गया।

"आप यह कैसे कह सकते हैं कि आठ दिन से नहीं खाया तो आज क्यों रो रहे हो?"

"हम तो ये बोले ही नहीं, हमें बेफालतू में फँसाइए नहीं।"

थोड़ी देर पहले निर्दयी की तरह बात करने वाले हृदय लाल एकदम पलट गए।

"नहीं, आप बोले थे। कहिए तो रिवाइंड करके कैमरे पर दिखा देते हैं।"

हृदय लाल फँस चुके थे। लेकिन पुलिस वाले किसी भी परिस्थिति से निकलने की कला अच्छे से जानते हैं। वे अचानक अपने साथ आए सिपाही पर चिल्लाए—

"कहाँ हो मोहन? ये सब भूखा आया है। तुमको दिख नहीं रहा है क्या? कुछ बिस्कुट-उस्कुट तो खिलाओ सबको।"

सिपाही मोहन को क्या पता कि बिस्कुट कहाँ से लाने हैं। वो बगलें झाँकने लगा। तभी बस की खिड़की से रामबाबू की आवाज़ आई—

"हम बिस्कुट उस्कुट नहीं खाएँगे दरोगा जी। हमको खाना खिलाइए बस।"

"वो भी कराते हैं। सब कुछ कराते हैं। ऐ ड्राइवर साहब, गाड़ी हिलाओ तो जरा...बस दो सौ मीटर आगे जाना है। गोलम्बर से राइट, मधेपुरा वालों को उतारो और फिर भोजन।"

सर्कल या गोल चक्कर को बिहार में गोलम्बर कहा जाता है। गोलम्बर से दाएँ लेते ही दाएँ हाथ पर एक गेट दिखाई दिया। बस वहीं रुक गई। छोटा सा एक स्टेडियम था। एक-दो तम्बू लगे हुए थे। कुछ मज़दूर और तम्बू लगाने के काम में जुटे थे। मधेपुरा के मज़दूर बस से उतरने लगे। कुछ छत पर चढ़कर अपनी साइकिलें उतार रहे थे। अचानक हमें एहसास हुआ कि सब इंस्पेक्टर हृदय लाल और सिपाही मोहन तो दिख ही नहीं रहे। हम तुरन्त सिपाही रामकुमार के पास गए।

"अरे भाई, दरोगा साहब कहाँ हैं?"

"पता नहीं सर, हमको बोले कि तुम चलो मैं आता हूँ।"

हम समझ गए थे कि खेल हो गया है। मधेपुरा के मज़दूरों को छत से सामान, साइकिल उतारने में आधा घंटा लगा। इस दौरान खाना तो दूर की बात,

बिस्किट तक कहीं नज़र नहीं आ रहे थे। नाम से हृदय लाल ने पुलिस का अब तक का सबसे निष्ठुर चेहरा दिखाया था। सुकून बस इतना था कि सहरसा अब मात्र 26 किलोमीटर रह गया था। कितनी बार भी सोचा, पर यक़ीन नहीं हो रहा था कि छह दिन पहले जो दूरी 1232 किलोमीटर थी अब वह महज कुछ किलोमीटर रह गई थी। 1206 किलोमीटर की दूरी नापी जा चुकी थी।

9

घर : बिलकुल पास, फिर भी दूर

सातवाँ दिन : 3 मई, 2020

सहरसा
26 किलोमीटर

रात के दो बज चुके थे। बस अब मधेपुरा से सहरसा के रास्ते पर थी और जिस रास्ते से बस गुज़र रही थी, उसे सड़क कहना सड़क के साथ ज़्यादती होगी। बस इतना कह सकते थे कि गड्ढ़ों के बीच कहीं-कहीं सड़क थी। इसलिए हमने अन्दाज़ा लगाया कि 26 किलोमीटर की दूरी तय करने में कम-से-कम एक घंटा तो लगेगा।

मधेपुरा के बाद हम रात कहें या सुबह के तीन बजे जब हम सहरसा पहुँचे तो वहाँ और बड़ा आश्चर्य हमारा इन्तज़ार कर रहा था। रामकुमार ने कम-से-कम दस नम्बर पर फ़ोन लगाया, उसके फ़ोन की बैटरी ख़त्म होने को आ गई पर मजाल है कि सहरसा में उसे कोई कुछ बता दे। ज़्यादातर अफ़सरों ने तो फ़ोन ही नहीं उठाया और जिन लोगों ने उठाया, उन्हें कुछ पता ही नहीं था कि मज़दूरों को कहाँ लेकर जाना है। सहरसा के शंकर चौक पर बस खड़ी रही।

आधे घंटे बाद जब पेट्रोलिंग करने वाली पुलिस की एक जीप गुज़र रही थी तो बस देखकर उसे शक हुआ। रामकुमार ने पुलिस जीप में मौजूद सब इंस्पेक्टर को अपनी समस्या बताई। सब इंस्पेक्टर भी क्या करते? उन्होंने दो-चार जगह वायरलेस करके पता लगाने की कोशिश की। किसी को कोई ख़बर नहीं थी। थक-हार कर सब इंस्पेक्टर ने सहरसा के आदर्श सदर थाने के बाहर बस खड़ी करवा दी। यह सब अविश्वसनीय था, मगर यही सच था। प्रवासी मज़दूरों की बस सहरसा आ चुकी थी, लेकिन स्थानीय प्रशासन का कुछ पता नहीं था। बिहार सीमा पर सरकार ने बसों का इन्तज़ाम किया ही इसलिए था

कि मज़दूरों को अपने संरक्षण में उनके ज़िलों तक पहुँचा सके। लेकिन ज़िला तक पहुँचने के बाद क्या? यह न तो कहीं दिख रहा था और न समझ में आ रहा था। यह स्थिति तब भी थी जब कोरोना संक्रमण रोकने के लिए केन्द्र से लेकर राज्य सरकारें, सभी दावे कर रहे थे।

जब बस बहुत देर तक आदर्श सदर थाने के बाहर खड़ी रही तो मज़दूरों के सब्र का बाँध टूटने लगा। कोई 16 घंटे से भूखा तो कोई 24 घंटे से। आगे कहाँ जाना है–उसकी कोई ख़बर नहीं। खाना मिलेगा कि नहीं–यह अभी नहीं पता। मज़दूरों ने सोचा कि जब अब तक हम अपने लिए ख़ुद ही सब कुछ करते आए हैं तो अब सरकार के भरोसे क्यों रहना?

"चलो! अपना-अपना साइकिल निकालते हैं और चलते हैं। इनके भरोसे रहेंगे तो यहीं मर जाएँगे..." रितेश ने ऐलान कर दिया।

"मतलब, अभी कहाँ जाएँगे?" आशीष थोड़ा हैरान था और रितेश की तुनकमिज़ाजी से परेशान भी। बॉर्डर पर भी वे सब रितेश की वजह से ही फँसे थे।

"अपने गाँव जाएँगे और कहाँ जाएँगे।" रितेश ने तुरन्त पलटकर जवाब दिया।

"सरकार की अनुमति के बिना अभी गाँव गए तो महामारी ऐक्ट में पुलिस तुम्हें और तुम्हारे घरवालों को अन्दर कर देगी, यह पता है न तुम लोगों को?"

सबकी गर्दन रामकुमार की तरफ़ मुड़ गई।

"तो फिर अभी हमारे साथ क्या होगा? हम कहाँ जाएँगे?" रितेश के सवाल कभी ख़त्म नहीं होते थे।

"हमको पक्का नहीं पता है लेकिन सुना है कि जो भी बाहर से आ रहा है, उ सबको गाँव के पास ही चौदह दिन के लिए एकान्त में रखा जाएगा।"

"ऐसे ही भूखा रखकर?"

इस सवाल का जवाब तो रामकुमार के पास 16 घंटे से नहीं था तो अब कैसे देता? इसी दौरान बस के बाहर हलचल शुरू हुई। बस के आगे खड़ी पुलिस की पेट्रोलिंग जीप चलने लगी। जीप में बैठे सिपाही ने बस को पीछे-पीछे चलने का इशारा किया। पुलिस को पता चल गया था कि बस को कहाँ ले जाना है। कुछ ही देर में 40 मज़दूरों से भरी बस सर्किट हाउस के पास

एक बड़ी सरकारी इमारत के बाहर खड़ी थी। घड़ी में सुबह के चार बज रहे थे। दोपहर डेढ़ बजे गोपालगंज सीमा से चली बस 13 घंटे बाद आख़िरकार मंज़िल पर पहुँच चुकी थी। सारे मज़दूर बुरी तरह पस्त थे। मुकेश किसी तरह खड़ा तो हो गया पर उससे चला नहीं जा रहा था। आशीष और सोनू ने उसे सहारा दिया।

"तुम लोगों के ठहरने का व्यवस्था इसी बिल्डिंग में प्रशासन द्वारा किया गया है। अन्दर जाओ और आराम से सो जाओ। बाकी सुबह देखते हैं।" जीप के पास खड़े सब इंस्पेक्टर ने सभी मज़दूरों को सूचना दी।

"भूखे पेट आराम से कोई कैसे सोएगा सर?" इस बार रामबाबू ने कमान सँभाल ली थी।

"हम लोगों ने 16 घंटे से कुछ नहीं खाया है, सर!" रितेश ने रामबाबू का साथ दिया।

"और हम लोगों को 25 घंटा हो गया है।" एक और मज़दूर बोला।

"तुम लोग अन्दर तो चलो...हम सब व्यवस्था किए हुए हैं।" पुलिस सब इंस्पेक्टर के पास खड़ा लुंगी-बनियान पहना एक अधेड़ उम्र का व्यक्ति ज़ोर से चिल्लाया। उसके हाथ में एक डंडा भी था।

"नहीं! जब तक खाना नहीं मिलेगा, हम कहीं नहीं जाएँगे।" रामबाबू के इस ऐलान के साथ ही पीछे से दर्जनों मज़दूरों की आवाज़ गूँजने लगी :

नहीं जाएँगे, नहीं जाएँगे।

"हंगामा करके खाना मिल जाएगा क्या? हम बोल तो रहे हैं, अन्दर चलो। सब व्यवस्था हो रहा है।" वह अधेड़ व्यक्ति फिर बोला।

"तुम यहाँ कौन हो जी?" सब इंस्पेक्टर ने उस आदमी से पूछा।

"हम केयरटेकर हुए साहब यहाँ के।"

जवाब मिलने के बाद सब इंस्पेक्टर मज़दूरों की तरफ़ मुख़ातिब हुए।

"अरे ये केयरटेकर हैं यहाँ के और जब ये बोल रहे हैं कि अन्दर चलो, सब व्यवस्था हो रहा है तो अन्दर जाने में क्या समस्या है तुम लोगों को? बैठकर ही खाओगे न या यहाँ खड़े-खड़े खाओगे।"

सब इंस्पेक्टर ने इस बार पुलिस वाला रुआब दिखाया। हताश मज़दूरों

पर असर हुआ। सब अपना सामान और साइकिल लेकर इमारत के अन्दर दाखिल होने लगे।

"अरे, ये क्या है? ये कोई सोने का जगह है?" रामबाबू चीख़ पड़ा।

उसकी चीख़ सुनकर हम अन्दर की तरफ़ भागे। अन्दर पहुँचे तो देखा कि सारे मज़दूर एक बड़े से हॉल में थे। हॉल का कोना-कोना कचरे के ढेर और तीन दिन पहले खाई हुई डिस्पोजेबल प्लेट्स से भरा था। जगह-जगह पान की पीक और भयावह बदबू। लग रहा था कि कम-से-कम हफ़्ता भर से उस हॉल की सफ़ाई नहीं हुई है। केयरटेकर वहीं खड़ा था और रामबाबू का ग़ुस्सा जारी था।

"कोरोना के टाइम पर तुम लोग हमको यहाँ सुलाओगे क्या? हम लोग साला कुत्ता-बिल्ली हैं क्या? हम लोगों को कुछ हो गया तो उसका जिम्मेदार कौन होगा?"

केयरटेकर चुप ही रहा। उसके पास जवाब हो भी नहीं सकता था।

"और खाना कहाँ है?" इस बार रितेश ने पूछा।

"एक मिनट रुका जाएँ। अभी आता हूँ।" यह बोलकर केयरटेकर वहाँ से निकला गया। मज़दूर इन्तज़ार करते रहे कि केयरटेकर आता होगा। जब काफ़ी देर हो गई, केयरटेकर नहीं आया तो मज़दूर इमारत के दरवाज़े तक पहुँचे और एकदम सन्न रह गए। उन्होंने पाया कि वे क़ैद किए जा चुके हैं। केयरटेकर ने बाहर से ताला लगा दिया था। आठ-आठ, नौ-नौ दिन पैदल या साइकिल से चलकर आए और घंटों से भूखे चालीस प्रवासी मज़दूर सुबह के सवा चार बजे एक इमारत में क़ैद थे। क्यों? क्योंकि वे खाना माँग रहे थे और कोरोना जैसे मुश्किल वक़्त में सोने के लिए साफ़-सुथरी जगह। केयरटेकर को पता था कि ये सब वो फ़िलहाल कर नहीं सकता है और मज़दूर हंगामा करेंगे तो उपाय निकाला–सबको क़ैद ही कर दिया जाए। कितना शोर करेंगे? और शोर करेंगे तो देख लिया जाएगा।

केयरटेकर की आशंका ठीक थी। मज़दूर लोहे की ग्रिल वाले गेट पर आकर चिल्लाने लगे।

रामबाबू बुरी तरह ग्रिल को पीट रहा था। वह अपने सबसे रौद्र रूप में था।

"ऐ चौकीदार...हम लोग पंजाब पार कर दिए, हरियाणा पार कर दिए, दिल्ली-गाजियाबाद पार कर दिए, यूपी पार कर दिए तो ये तुम्हारा जेल कौन चीज है? इसको भी पार कर देंगे। समझे तुम? ताला खोलो!"

मज़दूरों का ग़ुस्सा बढ़ता जा रहा था। ग्रिल हिलाने की आवाज़ से पूरा इलाक़ा गूँजने लगा।

"खोलो! खोलते क्यों नहीं?"

"ये गुंडागर्दी नहीं चलेगी।"

"नीतीश कुमार मुर्दाबाद।"

"मुर्दाबाद, मुर्दाबाद।"

"गेट खोलो चौकीदार।"

केयरटेकर टस-से-मस नहीं हुआ। वह अपने लिए सुरती बनाने लगा। हमने बाहर देखा कि पुलिस की वह जीप भी अब वहाँ नहीं थी। इस हालात पर चुप रहना हमारे लिए मुश्किल था। हम सीधे केयरटेकर के पास पहुँच गए।

"आपने तो मज़दूरों को कहा था कि अन्दर चलो। अन्दर खाने की व्यवस्था है।"

"हमने ऐसा कुछ नहीं कहा था।"

"क्या बात कर रहे हो? आपने हमारे सामने कहा था?"

"ये सब फालतू का बात है। सुबह तीन-चार बजे कहीं खाना मिलता है क्या?"

"अरे, वे सब भूखे हैं 16 घंटे से, मर जाएँगे।"

"अब जो होगा, सुबह होगा जब अफसर लोग आएँगे।" इतना कहने के बाद उस केयरटेकर ने बेहद बीभत्स तरीक़े से खँखारा, वहीं हमारे सामने थूका और चला गया।

मज़दूरों की चीत्कार के बीच हम बाहर बेबस खड़े थे। एकदम स्तब्ध। लग रहा था कि इंद्रियों ने काम करना बन्द कर दिया है। पिछले सोलह घंटे में अपनी आँखों के सामने जो हुआ, वह किसी झूठी फ़िल्मी कहानी जैसा लग रहा था। हाइवे पर उस सब इंस्पेक्टर ने कैसे कह दिया था कि आगे खाने के

लिए कैम्प लगा है? मधेपुरा में हृदय लाल ने कैसे कह दिया कि जब आठ दिन से नहीं खाए हो तो आज क्यों रो रहे हो? और यहाँ कैसे केयरटेकर मज़दूरों को बरगलाकर अन्दर ले गया और फिर सबको ताले में बन्द कर दिया? और ऐसे हॉल में जहाँ कचरे का ढेर पड़ा था। हम इस निष्कर्ष पर पहुँच चुके थे कि यह देश किसी का भी हो सकता है पर ग़रीबों और मज़दूरों का तो क़तई नहीं। बिलकुल नहीं। धीरे-धीरे मज़दूरों का हंगामा कम हो गया। ख़ाली पेट कब तक शोर करते? हमें लगा, शायद इसीलिए हमारी सरकारें, हमारी व्यवस्था ग़रीबों का पेट ठीक से नहीं भरतीं। पेट भरा रहेगा तो कहीं ज़्यादा शोर न करने लग जाएँ...

सहरसा की उस सरकारी इमारत के बाहर सुबह नौ बजे जब हम पहुँचे तो देखा सारे मज़दूर अब भी क़ैद थे। बाहर पुलिस के दो जवान खड़े थे। सहरसा प्रशासन की बदइन्तज़ामी के बारे में मैंने रात को ही ट्वीट कर दिया था। सहरसा के ज़िलाधिकारी से लेकर बिहार के मुख्यमंत्री, विपक्ष के नेतागण सबको टैग किया था। हमें पूरी उम्मीद थी कि सरकारी मशीनरी ज़रूर हरकत में आई होगी और यही हम देखना चाहते थे। केयरटेकर तो दूर-दूर तक नहीं दिख रहा था। मज़दूर लोहे की ग्रिल के पास ही खड़े थे। थके हुए चेहरे, नींद में डूबी आँखें सब कुछ बयाँ कर रही थीं।

"क्या रितेश, ठीक हो ना?"

"क्या बोलें, सर?"

रितेश के इन तीन शब्दों के जवाब ने सब कुछ कह दिया था।

"कुछ खाना मिला क्या?"

"नहीं, सर!"

"क्या? क्यों?"

"पता नहीं, सर!"

सुबह नौ बजे तक भी खाना नहीं। अब यह बहुत ज़्यादा हो रहा था। रितेश, रामबाबू और उसके साथियों को भूखे पेट 24 घंटे होने वाले थे, बाक़ी

मज़दूरों को 32 घंटे। यह अमानवीयता और अव्यवस्था की पराकाष्ठा थी।

"क्यों भाई, इन लोगों को खाना कब मिलेगा?" हमने वहाँ खड़े पुलिस वालों से पूछा।

"हमें कोई जानकारी नहीं है।"

"आपको पता है न ये लोग कल से भूखे हैं, बीमार हैं?"

"जी हमको पता है...बता रहे थे ये लोग।"

"तो आप लोग खाने की व्यवस्था क्यों नहीं कराते इन लोगों के लिए?"

"हम तो पुलिस से हैं, सर! हमें इनकी सुरक्षा के काम में लगाया गया है।"

"अरे, अगर ये लोग भूख से मर गए तो किसकी सुरक्षा करोगे?"

कुछ भी समझ नहीं आ रहा था कि यहाँ हो क्या रहा है। सरकार दो-दो सिपाही लगा सकती है पर खाना नहीं खिला सकती। दोनों जवानो चुप रहे।

"अरे कुछ तो बोलिए।"

"हम क्या बताएँ, सर? हमको जितना आदेश होगा हम उतना ही करेंगे न?"

"और ये लोग यहाँ कब तक इस तरह क़ैद रहेंगे?"

"अभी ताला खुलवाने के लिए बोला है। फिर सहरसा स्टेडियम लेकर जाएँगे।"

"स्टेडियम में क्या है?"

"नहीं पता, सर! हमको बस प्रवासी मज़दूरों को स्टेडियम ले जाने को कहा गया है।"

स्टेडियम में क्या होगा? यही सोचते हुए हम उस सरकारी इमारत से मज़दूरों के साथ निकले। सबसे आगे पुलिस के दो सिपाही और पीछे थके-हारे कतारबद्ध पैदल मज़दूर। लग रहा था जैसे भेड़-बकरियों को हाँककर कहीं ले जाया जा रहा हो। दो किलोमीटर पैदल चलने के बाद सारे मज़दूर सहरसा स्टेडियम पहुँचे।

स्टेडियम में मेले जैसा शोर-शराबा हो रहा था। सैकड़ों मज़दूर। दर्जनों सरकारी अफ़सर और कर्मचारी। चारों तरफ़ तम्बू और शामियाने। एक क़तार में खड़ीं 20 बस। पता चला कि मेडिकल जाँच के बाद इन बसों के ज़रिए

मज़दूरों को उनके ब्लॉक मुख्यालय भेजा जाएगा और फिर वहाँ के सरकारी स्कूल में सबको 14 दिन के लिए क्वारंटीन किया जाएगा। इसके बाद ही वे अपने घर जा सकेंगे।

योजना तो अच्छी लग रही थी। बस एक ही बात समझ से परे थी कि मज़दूरों को खाना क्यों नहीं दिया जा रहा है। जब इतना तामझाम हो सकता है तो एक वक़्त का खाना क्यों नहीं? स्टेडियम पहुँचकर हमें पता चला कि वहाँ आए एक-एक मज़दूर की वही कहानी थी। सब भूखे थे सबने खाना एक दिन पहले खाया था। हम यह देखकर हैरान हो गए कि मज़दूरों के उस समूह में छोटे-छोटे बच्चे और गर्भवती महिलाएँ भी थीं। रितेश और रामबाबू के सब्र का बाँध टूट चुका था। दोनों ने बाक़ी मज़दूरों को एकजुट करना शुरू किया।

"माँ भी दूध तभी पिलाती है जब बच्चा रोता है और यह तो सरकार है। हम कुछ नहीं बोलेंगे तो ये सब हमको भूखे मार डालेंगे।"

रितेश की ललकार का असर हुआ और 15-20 मज़दूरों ने शामियाने में बैठे सरकारी अफ़सरों को घेर लिया।

"सर, एक बात बताइए...आप लोग हम सब मजदूरों को एक लाइन में खड़ा करके गोली क्यों नहीं मार देते?" रामबाबू के सवाल और मज़दूरों के समूह से अफ़सर सकते में आ गए।

"अरे, ऐसे काहे बोल रहे हो?"

"तो, सर, हमें साफ-साफ बताइए...आप लोग हमको खाना दीजिएगा कि नहीं?"

"कौन बोल रहा है कि खाना नहीं मिलेगा?"

"तो कहाँ है खाना? हम सब लोग कल से कुछ नहीं खाए हैं। रात को तीन-चार बजे सबको टट्टी जैसा जगह में पटक दिया। रात में बोला, सुबह खाना मिलेगा। अभी दस बज गया है। कहाँ है खाना?"

"खाना आ रहा है...रास्ते में है।" अफ़सर वाक़ई नर्वस था।

"कितनी देर में आएगा?"

"अरे बोला न आ रहा है!"

"कितना टाइम लगेगा, ये तो बताइएगा कि नहीं?" यह दूसरा मज़दूर था।

अफ़सर ने अपनी घड़ी की तरफ़ देखा और फिर बोला—

"कम-से-कम आधा घंटा।"

सारे मज़दूर यह सोचकर वापस चले गए कि आधे घंटे की बात और है, इन्तज़ार कर लेना चाहिए। वैसे इसके अलावा उनके पास और कोई विकल्प था भी नहीं।

तभी हमने देखा कि मुकेश को उल्टियाँ हो रही हैं। कमजोर शरीर वाला मुकेश इस पूरी यात्रा में सबसे ज़्यादा परेशान रहा और अब उसकी हालत बिगड़ती जा रही थी। सोनू और कृष्णा मुकेश को सँभाल रहे थे। पानी पिलाने के बाद उसे छाया में लिटा दिया गया। तब कोने में ले जाकर संदीप ने मुकेश के बारे में मुझे जो बताया, उसे सुनकर मुझे अपने इनसान होने पर शर्म आने लगी। संदीप ने बताया कि रात में मुकेश ने उस सरकारी इमारत के हॉल में तीन दिन पहले का बासी खाना खाने की कोशिश की थी, जिसे उसने समय रहते देख लिया था। इसी वजह से इसकी तबीयत बिगड़ी है। मैं अवाक् था। हमारे पास उस वक़्त कुछ केले थे जो तुरन्त मुकेश को दिए गए। केलों से कुछ राहत ज़रूर मिली लेकिन शरीर को तो अन्न चाहिए था। वह भी मेहनतकश मज़दूर का शरीर, जिसे लगातार खुराक चाहिए। पता नहीं इतनी छोटी-सी बात किसी की भी समझ में क्यों नहीं आ रही थी।

सरकारी अफ़सर ने आधे घंटे का समय माँगा था। रितेश ने देखा कि ग्यारह बज गए, एक घंटे से ज़्यादा हो गया लेकिन खाना अब तक नहीं आया। पानी सिर के ऊपर से निकल चुका था।

फिर से सारे मज़दूर एकजुट हो गए। अब बग़ावत का फ़ैसला हो चुका था। सभी मज़दूरों ने अपनी साइकिलें निकाल लीं। जिनके पास साइकिल नहीं थीं, उन्होंने अपना सामान उठा लिया और सब स्टेडियम के मुख्य गेट की तरफ़ कूच करने लगे। बग़ावत यह थी कि अब यहाँ एक पल भी नहीं रुकना, चाहे कोरोना फैले या पुलिस उन्हें गिरफ़्तार करे। न कोई टेस्ट कराएँगे, न सरकार की बस से कहीं जाएँगे। सैकड़ों की तादाद में मज़दूरों को मुख्य गेट की तरफ़ कूच करते हुए देखकर

वहाँ मौजूद प्रशासनिक अफ़सरों और कर्मचारियों के हाथ-पैर फूल गए। चारों तरफ़ अफ़रा-तफ़री मच गई। पुलिस को आदेश हुआ कि वह तुरन्त गेट बन्द करे।

लेकिन गेट लगाने से कोई सैलाब रोक पाया है क्या आज तक? कुछ मज़दूर मुख्य द्वार पर चढ़ने की कोशिश करने लगे। कुछ स्टेडियम की चारदीवारी पर चढ़ चुके थे। रितेश और रामबाबू सबसे आगे थे। हमारे लिए उन दोनों का ये नया रूप था। यह कहना ग़लत नहीं होगा कि पूरी बग़ावत के अगुआ वो दोनों ही थे। शायद उन्हें ये विश्वास था कि हम उनके साथ हैं।

पुलिस के लिए सैकड़ों-मज़दूरों को काबू कर पाना नामुमकिन हो रहा था। बल्कि उस वक़्त हमें लगा कि पुलिस के जवानों की हमदर्दी मज़दूरों के साथ ही थी, इसलिए वे भी उन्हें रोकने की कोशिश नहीं कर रहे थे। अपने-अपने कमरों में दुबके कई अफ़सर बाहर आ गए। वे मज़दूरों से मिन्नतें करने लगे। उनके सामने हाथ जोड़ने लगे कि उन्हें एक आख़िरी मौक़ा और दिया जाए।

"तुम लोगों को साला कल से बोल रहे हैं कि भूखे हैं, भूखे हैं, भूखे हैं लेकिन तुम लोगों को लगता है कि हम तो चूतिए हैं। जानवर हैं। मर जाने दो सालों को। अब कोई नहीं रुकेगा।"

गेट पर चढ़े रामबाबू के इस ऐलान को मज़दूरों ने चिल्लाकर अपना समर्थन दिया। उस वक़्त वाक़ई ऐसा लग रहा था कि दुनिया के सारे मज़दूर एक हो गए हैं।

"बाबू, हमारा बात सुनो...हम, सबकी तरफ से, गलती मान रहे हैं।" एक नया अफ़सर भीड़ को चीरते हुए आगे आया। अफ़सर का नाम राकेश कुमार था। वह रामबाबू और बाक़ी मज़दूरों को समझाने लगा।

"अब किसी का कोई बात नहीं सुना जाएगा। चलो, बाहर चलो।"

रामबाबू के साथ रितेश भी आ गया था। मज़दूरों का शोर और बढ़ गया। पुलिस के जवान मूकदर्शक बनकर तमाशा देख रहे थे।

"देखो, हम अभी-अभी आए हैं। हमको अभी सारा बात पता चला है। ये सब लोग तुम लोगों को झूठ बोला है। कोई खाना नहीं बन रहा था। खाना अब बनना शुरू हुआ है। एक घंटा में खाना नहीं आया तो तुम लोगों का जूता और हमारा सिर।"

DRDA में निदेशक के पद पर तैनात राकेश कुमार की बात का असर हुआ। मज़दूर शान्त होने लगे। उन्हें लगा कि अफ़सर सच बोल रहा है और वह वाक़ई सच बोल रहा था।

"तो हम लोगों को कल से अब तक खाना क्यों नहीं दिया गया?"

"वह भी हम पता लगा रहे हैं। सब पर कार्रवाई होगा। तुम लोग शान्ति से अपना स्थान पर जाकर बैठो।"

गेट और दीवारों पर चढ़े मज़दूर उतरकर वापस शामियाने की तरफ़ जाने लगे। पुलिस और प्रशासन के लोगों ने राहत की साँस ली। रामबाबू राकेश कुमार के पास आ गया था—

"एक घंटा बोले हैं आप।"

"हाँ, एक घंटा।"

रामबाबू और रितेश के चेहरे पर चमक थी। बाक़ी मज़दूर भी विजयी भाव से लौट रहे थे। लग रहा था कि सबकी भूख और थकान ख़त्म हो चुकी है। सोए पड़े सिस्टम को झकझोर देना और झुका देना कोई मज़ाक़ की बात नहीं थी।

उस वक़्त मुझे लगा कि सात मज़दूरों की इस यात्रा की सच्ची कहानी का अन्त यहीं हो जाना चाहिए। इससे अच्छा क्लाइमेक्स और क्या मिल सकता था!

लेकिन कहानी ख़त्म कर दूँ तो आपको पूरी बात पता नहीं चल पाएगी।

राकेश कुमार की बात में दम था। एक घंटे बाद तो नहीं लेकिन ठीक 70 मिनट बाद, 12.30 बजे मज़दूरों के लिए खाना आया। रितेश, रामबाबू और बाक़ी मज़दूर पूरे 27 घंटे बाद खाना खा रहे थे। मेडिकल जाँच के बाद सभी मज़दूरों को उनके ब्लॉक के क्वारंटीन सेंटर पर भेजने की तैयारी शुरू हुई।

रितेश, आशीष, सोनू, संदीप, मुकेश और कृष्णा बनमा इटहरी जाने वाली बस में बैठ गए। रामबाबू को रुकना पड़ा। उसे बताया गया कि 14 दिन का क्वारंटीन अनिवार्य है। उसे रितेश के साथ अभी बनमा इटहरी में क्वारंटीन के बावजूद अपने ज़िला समस्तीपुर पहुँचने के बाद फिर से 14 दिन के लिए अलग रहना होगा। समझदारी इसी में थी कि वह सीधे समस्तीपुर ही जाए। रितेश की आँखें नम थी। एक बेहद अच्छी साझेदारी का अन्त हो रहा था। पूरे सात दिन ये दोनों, टेस्ट मैच के सलामी बल्लेबाज़ की तरह संयम से खेले। हर मुश्किल से टीम को निकालते हुए आख़िरकार जीत तक पहुँचा ही दिया और यह यक़ीनन बड़ी जीत थी। रितेश की बस जब जाने लगी तो अपनी साइकिल के साथ खड़ा रामबाबू बहुत देर तक हाथ हिलाता रहा।

विदा से पहले मैंने देखा...

सहरसा से बनमा इटहरी की दूरी 28 किलोमीटर थी। रितेश और उसके बाक़ी साथियों का एक ही गाँव था–मोहनपुर। बस को उनके गाँव से होकर नहीं गुज़रना था। रितेश ने ड्राइवर की रास्ते को लेकर अज्ञानता का फ़ायदा उठाया और ड्राइवर से कहा कि वह बनमा इटहरी तक जाने का छोटा रास्ता जानता है। बस अब एक ऐसे रास्ते से गुज़र रही थी, जिसमें मोहनपुर को बीच में आना ही था। अपने गाँव पहुँचने की ख़ुशी ने सबकी थकान दूर कर दी थी। रितेश तो एकदम अलग ही दुनिया में था। वह सोनू को लेकर बस की छत पर चला गया और ज़िद करने लगा कि मैं भी उसके साथ आ जाऊँ। बस की छत से पूरा इलाक़ा बहुत ही सुन्दर नज़र आ रहा था। डॉक्यूमेंट्री फ़िल्म के क्लाइमेक्स के लिए इससे बेहतर और क्या हो सकता था। 1232 किलोमीटर की यात्रा अपने आख़िरी किलोमीटर पर थी। सब कुछ एक सपने जैसा था। मज़दूरों के लिए भी और हमारे लिए भी। बारह फुट चौड़ी सड़क पर बस दौड़ रही थी और लग रहा था रितेश और सोनू जैसे खेतों के बीच उड़ रहे हों। सोनू ने अपने मोबाइल पर भोजपुरी गाने लगा दिए थे। दोनों नाच रहे थे, गा रहे थे, झूम रहे थे और चिल्ला रहे थे।

"ये ईंट का भट्ठा देखिए, सर...यहाँ पहले संदीप काम करता था पर ठेकेदार पैसा नहीं देता था।"

"सर, वो देखिए...शिव मन्दिर दिख रहा है न आपको? उसके पास मेरा घर है।"

"उसके आगे एक नदी है सर, वहाँ हम जाते थे नहाने के लिए...कूद-कूद कर नहाते थे।"

"ये तालाब देखिए, सर, इस तालाब से हम मछली पकड़ते थे।"

"यहाँ हम खेलने आते थे, सर।"

"और वो देखिए, पीपल का पेड़, सर, उस पर भूत रहते हैं।"

"ये देखिए, सर...ये लोग जो खड़ा है न...ये सब हमारा गाँव का भाई-चाचा लगेगा।"

"सामने देखिए, सर, सामने...वो देखिए, रितेश और आशीष की मम्मी खड़ी हैं..." इतना सुनते ही रितेश छत पर आगे की तरफ़ लेट गया और छत पीटने लगा बस रोकने के लिए। बस रुकने से पहले ही रितेश छत से नीचे उतर गया। पता ही नहीं चला कि कैसे अचानक मोहनपुर आ गया। आशीष और बाक़ी मज़दूर भी बस से उतर गए। जब तक हम नीचे उतरे रितेश अपनी माँ के चरण छूकर विह्वल हुआ जा रहा था। आशीष अपने बच्चों के साथ खेल रहा था। उसकी पत्नी, दोनों बच्चे और माँ भी मिलने आई थीं। सब कुछ बहुत भावुक था पर वैसा बिलकुल नहीं था जैसा हम फ़िल्मों में देखते हैं या कहानियों में पढ़ते हैं। यह बड़ा सहज और स्वाभाविक मिलन था। सबकी आँखों के एक कोने में आँसू की एक छोटी-सी बूँद ही सब कुछ बयाँ कर दे रही थी। मुझे लगा कि ख़ुद को व्यक्त करने के लिए उनको इतना ही आता था और जो काफ़ी था। जब आशीष और रितेश ने अपने परिजनों से हमें ये कहकर मिलाया कि ये भैया ने सात दिन तक भाई के जैसा हमारा ख़याल रखा तो हमें लगा कि हमारी यात्रा का मक़सद पूरा हो गया। सब लोग सुरक्षित घर पहुँच गए, इससे बड़ी बात क्या हो सकती थी।

रितेश ने बहुत ज़िद की कि उस रात हम उसके घर में ही रुक जाएँ। उसने लालच भी दिया कि उसकी माँ मछली बहुत अच्छी बनाती है। तालाब

से लाई जाएगी। एकदम ताज़ा। इस छोटे से मिलन के बाद वक़्त था बनमा इटहरी के क्वारंटीन सेंटर जाने का, जहाँ सभी छह मज़दूरों को 14 दिन बिताने थे। विदा से पहले मैंने देखा कि आशीष अपने दोनों बच्चों के हाथों में दस-दस रुपए के नोट रख रहा है। मैंने पूछा कि ऐसा क्यों किया तुमने तो वो बोला–

"उनका पापा हूँ, सर, दिल्ली कमाने गया था। इतने महीनों के बाद लौटा हूँ। उनके लिए कुछ ला तो पाया नहीं। और कुछ नहीं दिया तो बच्चे सोचेंगे कि इस बार पापा कुछ कमा नहीं पाए। बस, बीस रुपया ही बचा था, दस-दस दोनों को दे दिया है। वे समझ जाएँगे कि पापा के पास बहुत पैसा है।"

ज़िन्दगी का ये फ़लसफ़ा हम पहली बार सुन रहे थे। ज़्यादा हैरानी नहीं हुई। ज़िन्दगी का यह रंग भी तो हम पहली बार ही क़रीब से देख रहे थे। फिर आशीष ने धीरे से अपने पुराने अम्बुजा सीमेंट के कट्टे से गुड़िया निकाल ली और अंजनी को थमा दी। अंजनी गुड़िया निहारती रही और हम अंजनी को।

बनमा इटहरी का क्वारंटीन सेंटर हमारी इस यात्रा का आख़िरी पड़ाव था। एक अजीब सी ख़ामोशी थी हम सबके बीच। शायद सबको एहसास था कि बस अब कुछ पल के बाद सब कुछ बदल जाने वाला है। उनके लिए भी और हमारे लिए भी। मेरा बहुत मन कर रहा था कि कम-से-कम विदा होने से पहले सबको एक-एक करके गले लगा लूँ और तसल्ली दूँ कि भविष्य में कोई भी तकलीफ़ हो तो मुझे निःसंकोच बताएँ। पर मैं ज़्यादा क़रीब नहीं जा सका। कोरोना के ख़ौफ़ ने हमारे बीच दीवार बरकरार रखी। हम मुड़कर कार की तरफ़ बढ़ ही रहे थे कि पीछे से किसी के सिसकने की आवाज़ आने लगी। पलटकर देखा, रोता हुआ आशीष मेरी तरफ़ आ रहा था और पास आकर बिना कुछ सोचे वह मुझसे लिपट गया। बहुत देर तक वह वैसे ही रहा। मैंने भी उसे हटाया नहीं। उसके आँसू मेरी गर्दन को भिगोने लगे थे, जो मेरा गला भरने के लिए काफ़ी थे।

आज भी मैं सोचता हूँ तो कह सकता हूँ कि वह पल मेरे जीवन के अनमोल क्षणों में से एक था।

उन सात दिनों ने

सहरसा से जब हम नोएडा की तरफ़ लौट रहे थे तो इस एहसास के साथ कि उन सात दिनों ने जीवन में बहुत कुछ बदल दिया है। अब वे सात मज़दूर ही नहीं, दुनिया का कोई भी मज़दूर मेरे लिए नामविहीन और चेहराविहीन मज़दूर नहीं था। उन सात दिनों ने मुझे मज़दूरों के नाम दिए। उन सात दिनों ने मुझे उनकी पहचान करा दी। उन सात दिनों ने मुझे उनके बारे में बताया कि वे इस दुनिया के सबसे सीधे-सादे, सच्चे लोग हैं और उन्हें आप से बस इतना ही चाहिए कि आप उन्हें भी अपने जैसा एक इनसान समझें। जिसका दिल है जो आप से ज़्यादा मुश्किलें झेलने के बावजूद धड़कता भी है, रोता भी है और हँसना भी चाहता है।

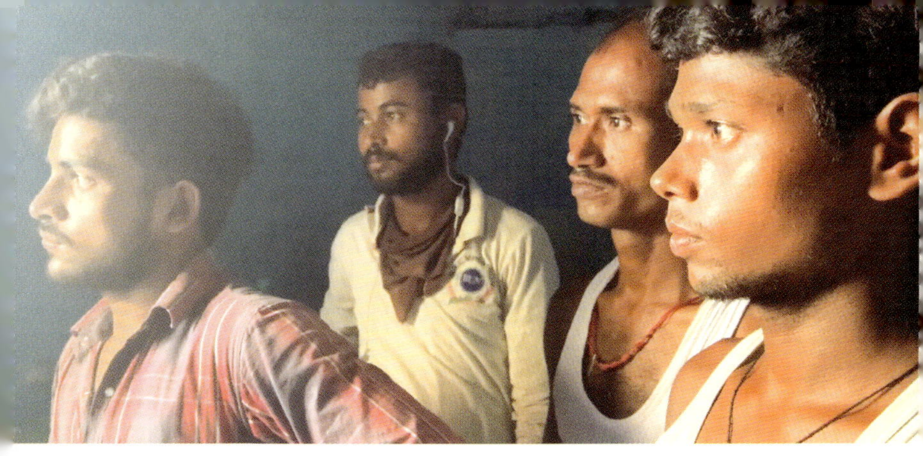

लॉकडाउन लगने के बाद ग़ाज़ियाबाद में फँसे सोनू, संदीप, रामबाबू और राकेश। (बाएँ से दाएँ)

अपने फोन में गूगल मैप्स पर यात्रा का मार्ग देखता रितेश। 1232 किलोमीटर की यात्रा में सात मजदूरों की अपनी टोली का नेता रितेश ही था।

चन्दौसी की सुनसान सड़क से गुजरते हुए।

भोजन और पड़ाव की उम्मीद में ढाबे की तलाश।

चार दिनों तक साइकिल से सफ़र करने के बाद पहली बार मिली ट्रक की सवारी।

लखनऊ के क़रीब आशीष (सबसे आगे) की साइकिल पंक्चर हो जाने के बाद पैदल चल रहे सभी मज़दूर।

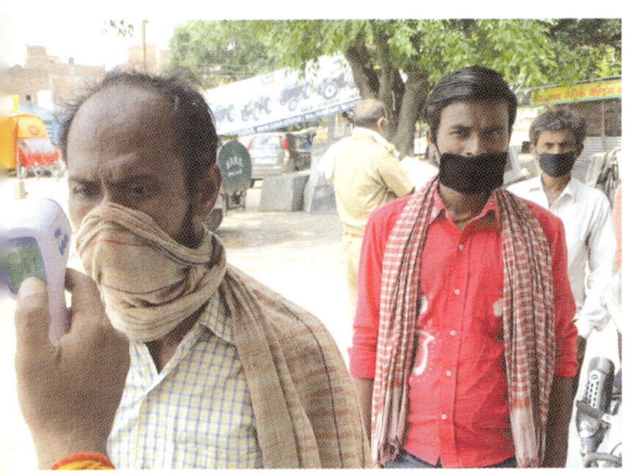

लखनऊ के पास एक कोविड-19 स्क्रीनिंग सेंटर में रामबाबू के तापमान की जाँच करता एक अधिकारी।

अपने गृहराज्य बिहार की सीमा पार करते ही खुशी जताते सोनू (बाएँ) और आशीष (दाएँ)।

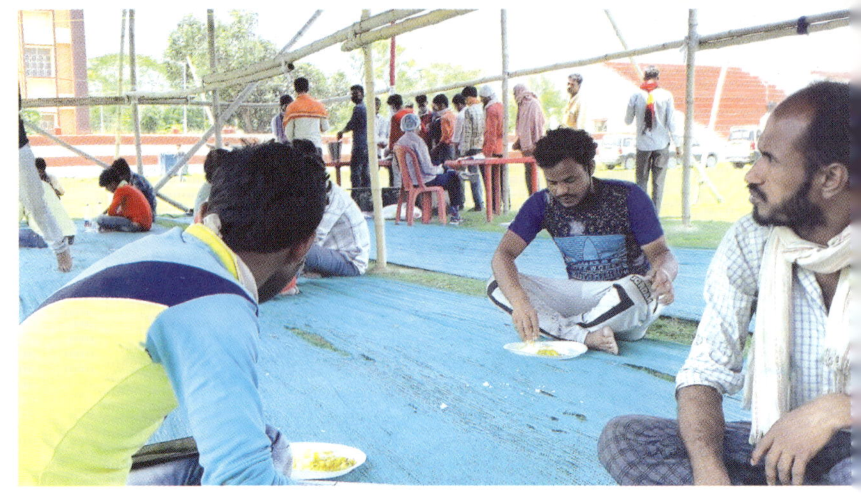

27 घंटों तक भूखे रहने के बाद सहरसा के स्टेडियम में सातों मज़दूरों को आख़िरकार भोजन मिला।

अपने-अपने परिवारों से मिलने से पहले, सहरसा के एक सेंटर में 14 दिनों के लिए क्वारंटीन किए गए मज़दूर।

10

...और फिर

सातों मज़दूरों को सहरसा पहुँचे आठ दिन हुए होंगे कि एक रात मेरे पास रितेश का फ़ोन आया। फ़ोन उठाते ही उसने मुझसे पूछा–

"सर, वो महाराष्ट्र में 16 मज़दूर ट्रेन से कटकर मर गए, आपको पता चला?"

रितेश की आवाज़ में चिन्ता थी। मुझे समझ नहीं आया कि महाराष्ट्र के औरंगाबाद में हादसे को लेकर बिहार के सहरसा में बैठा रितेश क्यों इतना परेशान हो रहा है? मैंने बेहद सामान्य लहज़े में जवाब दिया–

"हाँ यार, पता चला। बहुत तकलीफ़देह है यह सब।"

"हाँ, सर, हम लोग यहाँ बात कर रहे थे कि अगर आप लोग हमारे साथ नहीं होते तो हम सब भी रास्ते में ऐसे ही कहीं मर-खप जाते।"

"अरे नहीं! ऐसा नहीं होता है। हर किसी की अपनी क़िस्मत है।" मैंने रितेश को समझाने की कोशिश की।

"हाँ, सर, ये बात सही है कि हर किसी की किस्मत अलग-अलग होती है पर मजदूरों की किस्मत तो एक ही होती है। पूरी जिन्दगी बस तकलीफ झेलो और फिर मर जाओ।"

मुझे समझ नहीं आ रहा था कि रितेश अभी यह सब बातें क्यों कर रहा है जब वह अपने गाँव के पास के आइसोलेशन सेंटर में है और पाँच–छह दिन बाद अपने परिजनों के पास भी जाने वाला है।

"ऐसे नहीं सोचते रितेश! अब तो गाँव भी पहुँच गए हो।"

"हाँ, सर...गाँव तो पहुँच गए हैं, पर मौत भी साथ ही चल रही है। आपको पता है, यहाँ सेंटर में नाश्ता में हम लोगों को सात दिन से रोज़ मूढ़ी मिल रहा है और वह भी इतना कि चार साल के बच्चे का भी पेट न भरे। बासी रोटी, पानी वाला दाल–ये सब रोज़ का बात है।"

रितेश की ये बातें चौंकाने वाली नहीं थीं। दिल्ली के आइसोलेशन सेंटरों को छोड़ दें तो देश के लगभग हर राज्य का हाल बहुत ख़राब था। बिहार की बदहाली की तस्वीरें तो रोज़ आ रही थीं। रितेश का बोलना जारी था–

"पता है, सर, परसों दो लड़का बेहोश हो गया और एक लड़का मर गया।"

यह सुनकर मैं चौंका।

"आइसोलेशन सेंटर में लड़का मर गया और तुम अब बता रहे हो?"

"नहीं, सर, वो लड़का यहाँ नहीं मरा। वो आया था अम्बाला से। सोलह दिन पैदल चलकर। उसके बाद चौदह दिन यहाँ रहा। गाँव गया तो दूसरे ही दिन साँप ने काट लिया और वो मर गया। सोचिए, सर, एक महीने की तकलीफ के बाद भी तो मौत ही मिली।"

मुझे एहसास हो चला था कि रितेश की चिन्ता भविष्य को लेकर है, जो सही भी थी। और फिर रितेश के साथ भी वही हुआ, जिसका उसे डर था। आइसोलेशन सेंटर से बाहर निकलते ही वह बीमार पड़ गया। पेट में भयानक दर्द। डॉक्टरों ने बताया कि स्टोन है। इलाज के लिए पैसे नहीं थे। यह सब मुझे सोनू ने बताया। रितेश शायद संकोच कर रहा था। मैंने उसे बहुत डाँटा और उसका इलाज सुनिश्चिन्त किया। ठीक होने के बाद रितेश सहरसा के आसपास काम के लिए बहुत भटका लेकिन उसे कहीं कोई काम नहीं मिला। एक दिन में पाँच सौ रुपए कमाने वाले को ख़ाली बैठे तीन महीने हो चुके थे। यही कहानी सोनू की भी रही। सोनू पर तो ज़िम्मेदारियाँ भी ज़्यादा थीं। घर में पत्नी, बच्ची के अलावा माता-पिता और छोटी बहन सबका ख़याल सोनू को ही रखना था। गाँव पहुँचने के तक़रीबन एक महीने बाद ही सोनू के फ़ोन मेरे पास आने लगे थे। हर बार सोनू का एक ही सवाल होता था।

"सर, कुछ तो बताइए, ये लॉकडाउन कब खुलने वाला है?"

"अभी तो टाइम लगेगा सोनू।"

"बहुत दिक्कत हो रहा है, सर! सब्जी बेचने का काम शुरू किए हैं। लेकिन दिन भर में पचास रुपए भी नहीं कमा पा रहे हैं। सोचिए, सर! पचास रुपए में छह लोगों के परिवार का क्या होगा?"

"और जो अख़बारों में छपा था कि प्रवासी मज़दूरों को सरकार की तरफ़ से कुछ आर्थिक सहायता दी जाएगी?" मैंने पूछा।

"नहीं, सर! हम लोगों को तो कुछ नहीं मिला।"

कुछ दिन बाद सोनू ने बताया कि उसने ससुराल वालों से दस हज़ार रुपए उधार ले लिये हैं। अब कम-से-कम तीन महीने का गुज़ारा तो हो ही जाएगा। बाक़ी मज़दूरों का भी कमोबेश यही हाल रहा। कृष्णा के पिता कुम्हार का काम करते थे, जो कृष्णा को न कभी पसन्द आया और न ही उसने सीखा। लेकिन गाँव आने के बाद कृष्णा ने मन मारकर पिता से कुम्हार बनने के सारे गुर सीखे। कुछ बर्तन भी बनाए पर ख़रीदता कौन? ख़रीदने वालों की भी तो कमाई बन्द थी।

मुकेश और रामबाबू ने अपने खेतों में जमकर काम किया। कुछ हद तक संतुष्ट थे कि धान की फ़सल लहलहाने लगी है। इसी फ़सल के भरोसे कुछ लोगों ने पैसा उधार भी दे दिया लेकिन जब बाढ़ आई तो सब बहा ले गई। बाढ़ के दौरान ही मैं रामबाबू के गाँव सलाह बुदरूग भी पहुँचा था। पूरा इलाक़ा जलमग्न था। रामबाबू को जब पता चला कि मैं उसके गाँव के पास हूँ तो वह एक रिश्तेदार की मोटरसाइकिल लेकर कच्चे रास्ते से उस जगह आया, जहाँ हमारी कार फँसी हुई थी। उसके बाद वह ज़िद करके मुझे अपने घर ले गया। रात के वक़्त अन्धकार में डूबा रामबाबू का घर मुझे ठीक से नहीं दिख पाया लेकिन एक ही घर में चार बेरोज़गार भाई और उन सबके परिवार के 23 लोगों के चेहरे यह बताने को काफ़ी थे कि उनकी पीर अब पर्वत जैसी हो गई है। संयोग से उन दिनों रामबाबू की पाँच बहनों में से दो बच्चों के साथ मायके आई हुई थीं। पाँच बहनों के पति भी दिहाड़ी मज़दूरी ही करते थे। लॉकडाउन के बाद वे पाँचों भी गाँव लौट आए थे और तब से ख़ाली ही बैठे थे। दो की आर्थिक हालत इतनी ख़राब थी कि उन्होंने अपने परिवार को उनके मायके भेज दिया था। घर का सबसे

बड़ा रामबाबू अपने ही परिवार के लिए कुछ नहीं कर पा रहा था तो बाक़ी भाई-बहनों के लिए क्या करता?

तो तुम सबका गुज़ारा कैसे चल रहा है? मेरे इस सवाल पर रामबाबू का जवाब दिल चीरने वाला था। वह बोला–"चार–पाँच साल का जितना भी बचत था, वह इस चार-पाँच महीने का लॉकडाउन लील गया है।"

लौटते वक़्त जब मैंने रामबाबू की माँ अमरीका देवी के हाथ में कुछ पैसे रखे तो वे बस इतना ही बोलीं–"इन लोगों का दिल्ली वाला काम खुलवाइए न बाबूजी।"

"जब तक महामारी का प्रकोप है तब तक तो कुछ नहीं खुलेगा।"

मैंने रामबाबू की माँ को बताया तो वे तपाक से बोलीं–"ये महामारी हम लोगों को क्यों नहीं हो रही है? हो जाती तो सारा झंझट ही ख़त्म हो जाता।"

मैं सोचने लगा कि इन लोगों के लिए तो भूख, बेरोज़गारी और ग़रीबी से बड़ी महामारी तो कुछ है ही नहीं। अमरीका देवी सरकारों और राजनीतिक दलों से भी बहुत नाराज़ थीं।

"इस बार जब नेता सब भोट माँगने आएगा तो उन सबको चार जूता हम खुद मारेंगे।"

अमरीका देवी का नाम सुनकर मुझे जिज्ञासा हुई थी कि उनका यह नाम कैसे रखा गया?

यह मैंने रामबाबू से पूछा। वह हँसने लगा और बोला–"पता नहीं, सर, नानी इनका नाम अमरीका रखी थीं, अब वो क्यों रखी थीं–ये माँ को भी नहीं पता।

अगस्त 2020 के बाद जब धीरे-धीरे लॉकडाउन ख़त्म होने लगा और काम-धन्धे शुरू होने लगे तो इन सात मज़दूरों के ग्रुप में सबसे पहले दिल्ली आने वाला मज़दूर कौन रहा होगा? आपने सही अन्दाज़ा लगाया। वह रामबाबू ही था और वह अकेला आया था। इस बार उसने ग़ाज़ियाबाद के लोनी को नहीं, बल्कि दिल्ली के पीरागढ़ी को अपना ठिकाना बनाया था। रामबाबू के लौटने की कहानी भी उतनी ही दुखद थी। सरकार ने लॉकडाउन तो उठा लिया था

लेकिन तमाम नियम-क़ानून की वजह से हर चीज़ सुचारु रूप से नहीं चल रही थी। जिसमें एक थी परिवहन व्यवस्था। बिहार से दिल्ली आने-जाने के लिए जो बस सेवा चल रही थी, उस पर प्राइवेट ऑपरेटरों का क़ब्ज़ा था और एक-एक मज़दूर से दिल्ली तक के लिए दो हज़ार रुपए का किराया वसूला जा रहा था। लॉकडाउन से पहले यह किराया आठ सौ रुपए था यह प्राइवेट ऑपरेटरों ने आपदा में अवसर ढूँढ़ लिया था, दो लोगों की सीट पर चार-चार आदमी को बैठाया जा रहा था। जिनको बैठने के लिए सीट नहीं मिलती थी, उनको आठ सौ रुपए का डिस्काउंट मिलता था। उनसे मात्र बारह सौ रुपए लिये जा रहे थे।

"तो दो हज़ार रुपए कहाँ से आए रामबाबू?" मेरी यह जानने की बड़ी इच्छा थी।

"उधार लिया, सर! किसी से दो सौ, किसी से पाँच सौ। कैसे भी करके दिल्ली तक का किराया पूरा किया, सर!"

"और तुम अकेले क्यों आए? बाक़ी लोग क्यों नहीं आए?"

"वो लोग भी आएँगे, सर! नहीं आएँगे तो जाएँगे कहाँ?"

रामबाबू ने सही कहा था। सितम्बर के शुरुआती हफ़्ते तक रितेश, आशीष, कृष्णा, सोनू और संदीप भी आ गए। सबको ठेकेदार के ज़रिए धीरे-धीरे काम भी मिलने लगा। ये सब लोनी, ग़ाज़ियाबाद के अपने पुराने मकान में ही रहने लगे। सिर्फ़ मुकेश नहीं आया था। मुकेश ने बताया कि उसने सहरसा के अपने गाँव में मिठाई का एक ठेला शुरू कर लिया है, जिसमें वह लोगों को लिट्टी, समोसा, ब्रेड-पकौड़ा, जलेबी, गुलाबजामुन बनाकर खिलाता है। आठ-नौ हज़ार रुपए महीने कमा लेता है। इतना ही पैसा ग़ाज़ियाबाद में भी कमाता था। इसलिए उसने फ़िलहाल लौटने का ख़याल त्याग दिया है। अलबत्ता मुकेश ने मुझे ज़रूर यह कहकर सहरसा आमंत्रित किया कि आजकल वह चाऊमीन बनाना सीख रहा है और उसकी बड़ी इच्छा है कि मैं चखकर उसके स्वाद के बारे में बताऊँ। मुकेश के पास तो मैं नहीं जा पाया लेकिन बाक़ी मज़दूरों

के पास ज़रूर लोनी, ग़ाज़ियाबाद गया। रामबाबू को वहीं बुला लिया था। दिन का खाना हम सबने साथ ही खाया। सब मुझसे शिकायत कर रहे थे कि मैं सिर्फ़ रामबाबू के घर ही क्यों गया? बाक़ी लोगों के घर क्यों नहीं आया? लेकिन जब रामबाबू ने उन्हें बाढ़ के बारे में बताया तो सब समझ गए। उस दिन रामबाबू ने यह भी बताया कि जैसे ही उसे ग़ाज़ियाबाद में कोई काम मिल जाएगा, वह बाक़ी लोगों के साथ शिफ़्ट हो जाएगा।

दो महीने में जब इन लोगों की ज़िन्दगी दोबारा ग़ाज़ियाबाद वाले ढर्रे पर आ गई तो मैंने दीवाली की रात सबको घर पर बुलाया। वह मेरे जीवन की सबसे यादगार दीवाली थी–इसलिए कि यह दीवाली इस धरती के सबसे सीधे और भोले लोगों के साथ मनाई जा रही थी। बात-बात में बिहार के विधानसभा चुनाव का ज़िक्र हुआ और पता चला कि पूरे चुनाव प्रचार में प्रवासी मज़दूरों की व्यथा, पाँच महीने की भूख और उनकी बेरोज़गारी कोई चुनावी मुद्दा ही नहीं था। और तो और, राजनीतिक दलों के नुमाइंदों को अपने हाथ से चार जूते मारने की बात करने वाली रामबाबू की माँ अमरीका देवी ने भी उसी पार्टी को वोट दिया, जो पाँच साल से सत्ता में थी और जिससे वे सबसे ज़्यादा नाराज़ थीं। "ऐसा तुम्हारी माँ ने क्यों किया?" जब रामबाबू से मैंने पूछा तो उसका जवाब था–"हम किसी को भी वोट दे दें, सर, हमारी ज़िन्दगी पर उसका रत्ती भर भी असर नहीं पड़ना है।"

डाइनिंग टेबल पर खाना लग चुका था। एक-एक करके सारे मज़दूर सकुचाते हुए बैठ गए। हमने उनको सहज बनाने की कोशिश ज़रूर की थी। लेकिन शायद वह काफ़ी नहीं थी।

"आपका घर बहुत सुन्दर है, सर!" कुर्सी पर बैठते हुए रामबाबू ने कहा।

"घर तो तुम्हारा भी बहुत सुन्दर है रामबाबू। मैंने तो देखा भी था।" मेरे जवाब पर रामबाबू मुस्कुराने लगा।

"खानाबदोश लोगों का घर कहाँ होता है, सर? आज पीरागढ़ी में, कल लोनी में, ठेकेदार ने काम से निकाल दिया तो परसों गुड़गाँव में। लॉकडाउन हो गया तो गाँव में। भूखे मरने लगे तो वापस शहर में। ऐसे ही भटकते-भटकते एक दिन मर जाएँगे।"

"सर, आप रामबाबू को कोई नेता बनवा दीजिए न...ये भाषण अच्छा देता है।" रितेश ने माहौल को हल्का करने की कोशिश की। सब हँसने लगे। पर रामबाबू गम्भीर ही बना रहा।

"सर, अभी रितेश के ऊपर जिम्मेदारियाँ नहीं हैं ना, इसलिए ये ऐसा बात बोल रहा है।"

"अरे वो मज़ाक़ कर रहा है रामबाबू! चलो खाना शुरू करो।" मुझे लगा कि मेरा हस्तक्षेप करना ज़रूरी है।

खाना खाने के बाद सारे मज़दूर मेरे सातवें फ़्लोर के गार्डन से पूरा नोएडा शहर देख रहे थे। तभी आशीष धीरे से बोला—

"सर, खीर बहुत अच्छी बनी थी। ऐसा लगा कि माँ के हाथ की खीर है।"

"अरे तो जो रंजू हमारे यहाँ खाना बनाती है, वह भी बिहार की है ना। मधेपुरा की। इसलिए तुम्हें लगा होगा।" मैंने आशीष को बताया।

"मधेपुरा तो सहरसा के पास ही है, सर! बस, 25 किलोमीटर दूर।" आशीष चहक गया।

"और यहाँ से 1232 किलोमीटर।"

"हाँ, सर!"

"घर की याद आती है?"

"बहुत, सर!"

"दोबारा लॉकडाउन लगेगा तो साइकिल से जाओगे?"

मेरा सवाल सुनकर आशीष सोच में पड़ गया। लेकिन रितेश के पास जवाब तैयार था।

"जान पर बन आई तो पैदल भी जाना पड़ेगा तो जाएँगे, सर!"

"लेकिन ऐसे गाँव जाने का क्या फ़ायदा रितेश, जब वापस शहर ही आना है?"

"फायदा है, सर...बहुत फायदा है।" इतना बोलकर रितेश चुप हो गया। जिससे मेरी जिज्ञासा और बढ़ गई।

"क्या फ़ायदा?"

"फायदा यह है, सर कि कम-से-कम हम सबकी जान तो बची। यहाँ रहते तो हम सब तो मर ही जाते। कहाँ आज आपके साथ बैठकर खाना खा रहे होते? बताइए, सर...ठीक बोल रहा हूँ ना?"

रितेश के सवाल का मेरे पास जवाब था भी और नहीं भी। मैंने चुप रहना ही बेहतर समझा। तभी आसमान से एक हवाई जहाज़ गुज़रा। सब ऊपर देखने लगे।

"सर, ये रितेश बोलता है कि एक दिन ये हवाई जहाज में बैठेगा और ये भी बोलता है कि उसमें अपनी पत्नी को...।" सोनू के इतना बोलते ही रितेश ने उसका मुँह बन्द कर दिया। सब हँस रहे थे खिलखिलाकर। उनकी खिलखिलाती हँसी के बीच हवाई जहाज़ का शोर दब गया।

आभार

आभार जताना एक रस्म है, इसलिए मैं यह रस्म बिलकुल नहीं निभा रहा हूँ। बहुत देर से सोच रहा हूँ कहाँ से और कैसे शुरू करूँ? क्या ये लिखूँ कि यह कोरोना नहीं होता तो ये किताब नहीं होती? या ये लिखूँ कि लॉकडाउन नहीं होता तो डॉक्यूमेंट्री और किताब दोनों नहीं होते? फ़िल्ममेकर होने के लिहाज़ से मज़दूरों के पलायन को मैंने पहले दिन से डॉक्यूमेंट्री के लिहाज़ से ही देखा और जिया भी। दूर-दूर तक किताब लिखने का विचार नहीं था। मज़दूरों के साथ सात दिन सात रात बिताकर जब मैं वापस नोएडा लौटा तो हमेशा की तरह अपने अनुभव अपने 30 साल पुराने मित्र जैसे बड़े भाई प्रताप सोमवंशी को सुनाने लगा। पाँच-सात मिनट सुनने के बाद ही उन्होंने सुझाव की शक्ल में फ़रमान सुना दिया–"ये बेहद अविस्मरणीय और अविश्वसनीय यात्रा है। डॉक्यूमेंट्री तो होती रहेगी, किताब भी लिख डालो। हिन्दी-अंग्रेज़ी दोनों में।"

तो यह कहना ग़लत नहीं होगा कि किताब का बीज प्रताप भाई ने ही बोया और फिर उसे मेरे साथ सींचा प्रताप सोमवंशी के ही बेहद ख़ास मित्र केशव चतुर्वेदी ने। प्रताप भाई ने ही केशव जी से मेरा परिचय कराया और पहली बातचीत के बाद मुझे एहसास हो गया कि यह यात्रा अविश्वसनीय, अविश्वसनीय के बाद अब अद्‌भुत भी होने वाली है। आप दोनों को धन्यवाद कहना कम ही होगा। इसलिए नहीं कह रहा।

मेरा परिवार। मेरे पिता डी.एस. कापड़ी, पत्नी साक्षी जोशी, बच्चे आर्यमन और अहान–ये यात्रा इनके बिना असम्भव थी। आप ख़ुद सोचिए, कोरोना और लॉकडाउन जैसी विभीषिका के बीच, जब परिवार को आपकी सबसे ज़्यादा ज़रूरत होती है या जब सबका परिवार चाहता है कि आप घर पर

रहें और सुरक्षित रहें–मेरे परिवार ने मुझे न सिर्फ़ हमेशा तमाम शर्तों के साथ प्रोत्साहित ही किया, बल्कि लॉकडाउन के दौरान मेरे ज़िम्मे आए बर्तन धोने के काम को मेरी ग़ैरहाज़िरी में बिना कोई शिकायत किए अच्छे से निभाया। आप यक़ीन नहीं करेंगे, पर यह सच है कि मुझे साक्षी से एक बार भी ताना नहीं सुनना पड़ा। परिवार की बात है तो 'सॉकर' को तो मैं कभी भूल ही नहीं सकता। वो क्या कहते हैं 'राइटर्स ब्लॉक', मेरे साथ जब भी ऐसी स्थिति आती थी, मैं दस-बीस मिनट 'सॉकर' के साथ लेट जाता, उसके बाल सहलाता, वो पूँछ हिलाकर प्यार जताता तो लगता था कि सारे ब्लॉक खुल गए हैं और सारे तनाव, असमंजस दूर हो गए हैं।

जैसा कि मैंने पहले लिखा कि शुरुआत में सिर्फ़ डॉक्यूमेंट्री बनाने का ही इरादा था। लेकिन डॉक्यूमेंट्री बनाने की प्रक्रिया के दौरान जब मैं ओटीटी प्लेटफ़ॉर्म डिज़्नी हॉटस्टार के उदय शंकर, गौरव बनर्जी, निखिल मधोक और मनीषा मुद्गल के सम्पर्क में आया तो इन सबने मज़दूरों के पलायन की इस कहानी को कहने के कई आयामों पर चर्चा की। डॉक्यूमेंट्री में तो मैंने उसे समाहित किया ही, चुपके से किताब के लिए भी चुरा लिया। इस सफ़र में मनीषा की भूमिका उस साथी जैसी रही, जो हर संकट में मुस्कुराते हुए मदद के लिए तैयार रहता है।

कोई भी किताब और लेखक तब तक एकदम अधूरा है जब तक उसके पास उस किताब पर यक़ीन करने वाला सम्पादक और प्रकाशक न हो। राजकमल प्रकाशन के सम्पादक सत्यानन्द निरुपम की संवेदनशीलता से मैं पहले से ही वाक़िफ़ था और पहली ही बातचीत में मेरे लिए ये एक सुखद आश्चर्य था कि उन्हें मज़दूरों के साथ मेरी इस यात्रा और डॉक्यूमेंट्री के बारे में सब कुछ पता था। सत्यानन्द की आवाज़ में मुझे इस यात्रा को लेकर एक अजीब सी उत्सुकता और उत्साह नज़र आ रहा था। एक लेखक को अगर उत्साही सम्पादक मिल जाए तो ये सोने पर सुहागा जैसा है। किताब जैसे-जैसे आगे बढ़ती गई, एक सम्पादक के तौर पर सत्यानन्द और उनकी टीम ने जो सुझाव दिए उसने यक़ीनन किताब को और बेहतर बनाया है।

पूरी किताब मैंने आईफ़ोन के नोट्स में जाकर लिखी है। इसका फ़ायदा ये

है कि फ़ोन हर वक़्त आपके साथ रहता है। जब भी समय मिला, कुछ लिख लिया। जहाँ भी कोई विचार आया, तुरन्त नोट कर लिया। एक ब्रांड के बारे में बताने के मुझे अलग से पैसे नहीं मिल रहे हैं लेकिन उसने मेरा सफ़र बहुत सुगम बनाया–इसलिए मुझे उल्लेख करना ज़रूरी लगा।

पूरी किताब तो मेरे सात हीरो-रितेश, रामबाबू, आशीष, कृष्णा, मुकेश, संदीप और सोनू को समर्पित है ही, उनके बारे में यहाँ बस इतना ही लिखना है कि इस दौरान उनके लगातार फ़ोन, उनका प्यार इस किताब को जल्दी से जल्दी ख़त्म करने के लिए प्रेरित करता रहा। मेरी दिली ख्वाहिश है कि किताब के विमोचन के वक़्त वो सातों मंच पर मेरे साथ हों।

✪✪✪